CATALOGUE

DES

MOLLUSQUES TESTACÉS

DES MERS D'EUROPE

PAR

M. PETIT DE LA SAUSSAYE

PARIS

LIBRAIRIE DE F. SAVY

RUE HAUTEFEUILLE, 24

1869

CATALOGUE

MOLLUSQUES TESTACÉS

DES MERS D'EUROPE

CATALOGUE

MOLLUSQUES TESTACÉS

DES MERS D'EUROPE

PAR

M. PETIT DE LA SAUSSAYE

PARIS

LIBRAIRIE DE F. SAVY

RUE HAUTEFEUILLE, 24

1869

A LA MÉMOIRE

DE

Ma chère Fille ÉLISABETH (Dame RATHEAU)

Dont l'assistance me fut si souvent utile
pour l'interprétation des auteurs allemands, anglais
et italiens.

PRÉFACE

J'ai publié dans les premiers volumes du *Journal de Conchyliologie* un catalogue des mollusques testacés qui vivent sur les côtes de la France, travail qui alors ne devait être considéré que comme préparatoire, et ayant surtout pour objet d'encourager les efforts et de stimuler le zèle des naturalistes habitant notre littoral ; j'appelais en même temps leur concours afin de pouvoir compléter plus tard des listes évidemment incomplètes.

Je dois dire que mon attente n'a pas été trompée, que bon nombre de collecteurs intelligents se mirent à l'œuvre et réunirent de riches matériaux à l'aide desquels furent publiés d'intéressants catalogues ; par M. Cailliaud, la Faune malacologique des côtes de la Loire-Inférieure ; par M. Taslé, celle des côtes du Morbihan ; par M. Beltrémieux, celle de la Charente-Inférieure ; M. Fischer se chargeait des côtes sud-ouest de la France, et M. Macé publiait un mémoire sur les mollusques des environs de Cherbourg ;

d'autres naturalistes, sans rien publier, s'occupaient avec zèle de nos espèces méditerranéennes, et je citerai particulièrement M. Martin, de Martigues, qui paraît posséder une nombreuse collection de coquilles propres aux côtes de la Provence et du Languedoc.

Grâce aux précieux renseignements et aux bienveillantes communications de la plupart de ces collecteurs, je me suis trouvé en mesure de donner une liste beaucoup plus complète que celle qui figurait dans le journal de conchyliologie ; mais, en me livrant à ce nouveau travail, qui me conduisait à comparer nos espèces regnicoles avec celles qui vivent dans les mers voisines, du Nord et du Sud, je fus frappé de ce fait, que ces faunes locales présentaient entre elles une grande similitude, et que, dans leur ensemble, elles constituaient en réalité une faune plus large, mais pourtant spéciale, limitée, ne se confondant, à peu d'exceptions près, ni avec celle de l'Amérique du Nord, ni avec celle de la côte occidentale d'Afrique. Dès lors, je compris qu'une faune malacologique de la France, assise d'un côté sur l'Océan et d'un autre sur une petite partie de la Méditerranée, n'était réellement qu'une œuvre bâtarde, incomplète, et que je ferais quelque chose de plus rationnel et de plus utile en donnant la série des *mollusques testacés propres aux mers de l'Europe, y compris le bassin méditerranéen.*

Avant d'aller plus loin, je dois faire remarquer qu'en me

servant des mots *mollusques testacés*, j'entends prévenir le lecteur qu'il ne sera question, dans mon catalogue, que des animaux marins pourvus d'une coquille extérieure ou intérieure, et que je m'abstiens de faire mention des mollusques nus, qui, dans l'état actuel de la science, ne me paraissent pas avoir été assez étudiés, et qui, en outre, ne me sont pas assez connus, pour que je puisse en donner la nomenclature avec quelque confiance.

Je ne citerai pas non plus les mollusques pélagiens, *ptéropodes, céphalopodes,* etc., qui vivent en haute mer, loin des côtes, et qui n'ont pas, rigoureusement parlant, de patrie déterminée.

En limitant, comme je viens de l'expliquer, le travail que j'ai entrepris, et en lui donnant un caractère plus conchyliologique que malacologique, je sens le besoin d'établir, par quelques courtes réflexions, que la conchyliologie proprement dite est d'un grand intérêt pour le zoologiste, et ne mérite pas le dédain qu'ont professé pour elle quelques savants trop absorbés par les intérêts des études anatomiques.

La forme de la coquille est un indice certain de la forme de l'animal qui l'a produite : deux animaux différents ne peuvent habiter deux coquilles semblables, comme deux coquilles complètes, offrant des différences constantes, ne peuvent appartenir à la même espèce d'animal.

Ainsi, l'organisation des mollusques ayant des rapports

— 4 —

aussi étroits avec l'enveloppe calcaire qu'ils construisent,
on a pu employer la considération du têt concurremment
avec celle de l'animal; on a même été conduit à donner,
dans ce genre d'études, une sorte de prédominance à la
coquille, dont la solidité et la facile conservation rendaient
moins ardue et plus sûre la tâche du naturaliste, d'autant
qu'en ce qui concerne les fossiles, la forme du têt peut
seule lui servir de guide.

Sans nier la haute importance du mollusque même, au
point de vue zoologique, et tout en admettant que c'est
avant tout d'après son organisation qu'on peut lui assigner
son rang dans l'échelle du règne animal, on doit cependant
reconnaître que pour le classement général, pour la désignation des espèces, et ce que j'appellerais volontiers leur
état civil, on ne peut véritablement s'appuyer que sur la
forme et les caractères de la coquille, comme objet facile
à reconnaître, à étudier et à comparer.

Déterminé à réunir les éléments sommaires d'une faune
malacologique européenne, j'ai divisé mon travail en deux
parties :

1° *Le catalogue synonymique des espèces ;*
2° *La distribution géographique de chacune d'elles.*

En ce qui concerne la première partie de mon œuvre,
le *catalogue synonymique,* j'ai dû, avant tout, songer à bien
déterminer l'espèce, à en circonscrire les limites, et à

grouper autour d'elle les variétés signalées par les auteurs ou constatées par moi-même.

Quant à la *distribution géographique*, la condition essentielle était l'exactitude des *habitat*, et j'ai dû contrôler ave c le plus grand soin les renseignements que me fournissaient à cet égard les livres, les catalogues et les collecteurs.

Pour arriver au meilleur résultat possible sous ces deux points de vue, je ne me suis pas borné à compulser les traités de conchyliologie, à comparer les descriptions, à étudier les figures reproduites dans les ouvrages illustrés : j'ai voulu encore réunir les objets eux-mêmes, et je suis parvenu à former une collection spéciale, nombreuse, et qui, dans beaucoup de cas, m'a été d'un grand secours pour fixer mes idées. J'ai été favorisé dans cette étude par plusieurs conchyliologues, qui ont bien voulu me procurer des exemplaires types des espèces qu'ils avaient décrites. A cet égard, je dois une véritable reconnaissance à MM. Philippi, Cantraine, Jeffreys, Moller (par l'intermédiaire du comte de Yoldi), Michaud, Tiberi, Mac-Andrew, Danielssen, Fischer, Brusina, etc.

Il est, je dois le dire, un certain nombre d'espèces qu'il m'a été impossible de reconnaître, et que j'ai cru néanmoins devoir inscrire dans mon catalogue : je signalerai ainsi une partie des coquilles décrites par Forbes dans son mémoire sur les mollusques de la mer Ægée, et par Requien dans son synopsis de la faune de la Corse ; j'ai lieu de

penser que, dans plus d'un cas, ils ont considéré comme
espèces distinctes de simples variétés, et parfois des individus non adultes; à l'égard de ceux-ci, j'ai eu soin, lorsque
la chose m'a été possible, de les désigner dans la synonymie en faisant précéder le nom adopté des mots *juvenis*
(jeune), *junior* (très-jeune), *pullus* (état presque embryonnaire).

La seconde partie de mon travail consiste dans la répé-
tition, sans synonymie, des espèces du catalogue, inscrites
dans un tableau indiquant par zones leur distribution géographique, de telle sorte qu'on peut d'un coup d'œil em-
brasser leur répartition dans les eaux européennes, ainsi
que les points jusqu'où s'étend et où semble s'arrêter leur
propagation.

La fixation de ces zones ne pouvait être qu'arbitraire,
et j'ai été embarrassé, car il y avait inconvénient à les
trop multiplier; j'ai donc cru devoir en réduire le nombre
à sept, en adoptant les limites que je vais indiquer:

1° La ZONE POLAIRE ou *arctique*, comprenant les mollusques vivant dans les mers du Nord, zone dans laquelle j'ai
compris le Finmarck, l'Islande et les possessions danoises
au Groënland;

2° La ZONE BORÉALE, qui comprend les côtes sud de Norwége, à partir du 66° degré de latitude, les îles Shetland,
Hébrides, et les côtes nord de l'Écosse jusqu'au 57° de latitude;

3° La ZONE BRITANNIQUE, c'est-à-dire les côtes d'Angleterre, de l'Écosse méridionale, d'Irlande et les eaux de la
Manche;

4° La ZONE CELTIQUE, comprenant les côtes de France
situées sur l'Océan, depuis l'entrée de la Manche jusqu'à la
pointe nord des côtes d'Espagne;

• 5° La ZONE LUSITANIENNE, dans laquelle figurent les côtes
nord de l'Espagne, celles du Portugal et du sud de l'Espagne jusqu'au détroit de Gibraltar;

6° La ZONE MÉDITERRANÉENNE, dans laquelle je comprends
le bassin dans son entier, l'Adriatique, les eaux de l'archipel grec et les côtes de Syrie;

7° La ZONE ALGÉRIENNE, comprenant les côtes nord de
l'Afrique, du Maroc en deçà du détroit de Gibraltar, l'Algérie et la Tunisie (1).

En ce qui concerne cette dernière zône, j'aurais pu, à la
rigueur, la comprendre dans la zône méditerranéenne; mais
j'ai cru devoir en faire une mention spéciale, en raison de
la présence, sur ce littoral, d'un certain nombre d'espèces
particulières qui semblent se rattacher à la faune Séné-
galienne.

La présence des espèces sur tel ou tel point du littoral

____

(1) J'ai laissé en dehors des zones indiquées ci-dessus la mer Bal-
tique et la mer Noire, qui, par suite de la nature de leurs eaux, sont
très-peu riches en mollusques testacés. Ce sont en quelque sorte des
mers intérieures, pour lesquelles il y aurait lieu d'établir des faunes
spéciales.

européen a été de ma part, comme je l'ai dit plus haut, l'objet d'un très-sévère examen, car je considère que l'exactitude la plus rigoureuse peut seule faire accorder quelque confiance à un travail de ce genre : dans le doute, je n'ai pas hésité à rejeter impitoyablement toute coquille d'une origine équivoque ; au surplus, pour édifier plus complétement le lecteur, je donne à la suite du catalogue une liste des coquilles exotiques que certains auteurs ont citées à tort comme appartenant à nos mers.

Sans attacher plus d'importance qu'il ne convient à l'ouvrage que je livre à la publicité, je suis cependant porté à croire qu'il ne sera pas sans quelque utilité pour les personnes qui s'occupent de cette branche de la zoologie : ce n'est pas seulement parce qu'un certain nombre de ces amis de la science m'ont vivement engagé à publier le livre ; mais c'est aussi parce que, comme simple catalogue, il donne une idée assez complète d'une faune étendue, réellement distincte, et par cela même intéressante.

La nomenclature exacte des espèces, avec leur distribution géographique, me semble aussi très-propre à faciliter les recherches et les observations des conchyliologues qui voudront sérieusement se livrer à l'étude de nos mollusques. Combien il y a encore, dans cette étude, de faits à découvrir ou seulement à expliquer, au point de vue de la reproduction de ces animaux, de leur état embryonnaire, des phases de leur développement, de leur alimentation, de leurs variétés ! Que de choses nous sont inconnues, sous le rapport de l'influence qu'exercent sur les mollusques les milieux dans lesquels ils vivent, sous le rapport aussi du rôle qu'ils remplissent dans le monde sousmarin, des causes qui favorisent, réduisent ou arrêtent leur propagation, etc.

Les observateurs, les simples collecteurs, qui habitent ou fréquentent le littoral des mers européennes, trouveront également dans cette publication un auxiliaire utile pour les guider dans leurs recherches, ainsi qu'un moyen rapide de classer méthodiquement le produit de leurs pêches.

Les paléontologues, à qui l'on a souvent reproché de trop négliger l'étude des espèces vivantes, pourront consulter avec fruit la nomenclature de celles qui appartiennent aux mers d'Europe, pour les comparer aux analogues fossiles des derniers terrains géologiques.

Enfin, ce catalogue, ne fût-ce même que comme table des matières, serait d'un assez puissant secours pour le savant qui voudrait entreprendre une histoire générale et complète de nos mollusques.

Quoi qu'il en soit, et malgré l'indulgence avec laquelle je juge ici mon travail, j'avouerai qu'il ne me satisfait pas complétement : j'y vois des lacunes qu'il m'a été impossible de combler ; j'ai souvent aussi hésité pour des déterminations que je n'ai adoptées qu'avec doute ; enfin, j'aurai plus d'une fois mal interprété les auteurs. On relèvera des erreurs, on signalera des omissions; je m'y attends, et j'en saurai gré à mes critiques, car, en rectifiant, en complétant mon œuvre, on aura, comme moi, fait quelque chose d'utile au progrès des études conchyliologiques.

S. P.

Paris, le 1er janvier 1869.

LISTE

DES OUVRAGES CONSULTÉS

ET DES AUTEURS CITÉS

DANS LE CATALOGUE

Acton, Ricerche concologiche. 1855.
Adams, Transactions of Linnean Society. 1797.
Adams (A.), Proceedings of the Zoological Society of London. — Annals and Magaz. nat. history. 1851, etc.
Adams (C.-B.), Proceedings of the Boston Society.
   Id.   Contributions to conchology. 1849-1852.
Adams (A. et H.), Voyage of Samarang. 1848.
Adanson, Histoire naturelle du Sénégal. 1757.
Alder, Catal. mollusk of Northumberland.
  Id. Ann. and magaz. of natural history. 1851.
Anton, Verzeichniss der conchylien. 1839.
Aradas, Mémoires divers. 1840-46-47-48.
Basterot, Mém. Société d'hist. naturelle. *Paris*, 1825.
Baudon, Journal de conchyliologie. 1857.
Bean, British marine conchology. — London's Mag. of nat. hist.
Bell, Zoological journal, vol. Ier. 1824,
Beltremieux, Catal. des coq. du dép. de la Charente-Inférieure. 1864.

Bennet, Zoological journal.

Benoit, Ricerche malacologiche. *Messine*, 1843.

Berkeley, Zoological journal. 1827. — Bulletin de Ferussac. 1828.

Biondi, Memorie. *Catania*, 1856-1858.

Bivona (Antonio), Nuovi gen. e nuove sp. di mollusc. *Palerme*, 1832.

Bivona (Andrea), Mémoires divers. *Palerme*, 1838-1840.

Blainville (De), Manuel de malacologie. *Paris*, 1825-1826.

    Id.   Faune française, Mollusques. 1826.

    Id.   Nouv. Ann. des sciences naturelles. — Dict. des sc. naturelles.

Born, Testacea musei Cæsarei Vindobonensis. 1780.

Bouchard-Chantereaux, Catal. des mollusques du Boulonais. 1835.

Brocchi, Conchyologia fossile subapennina. 1814.

Broderip, Transactions of Zoological Society. — Zoological journal.

Broderip et Sowerby, Species conchyliorum. *London*, 1830.

Bronn, Lethæa geognostica. 1837-1854.

Brown, Illustrations of the conchology. 1827. — 2e éd., 4 livr.

Bruguières, Dict. encyclopédie méthodique. 1789-1792.

Brusina, Fauna dei molluschi Dalmat. 1866.

Burow, Elements of conchology. *London*, 1825.

Calcara, Mémoires divers. *Palerme*, 1839-45-51.

Cailliaud, Catal. des moll. du dép. de la Loire-Inférieure. 1865.

Cantraine, Diagnoses de moll. mediter. *Bruxelles*, 1835.

    Id.   Malacologie méditerranéenne. 1840.

    Id.   Bulletin de l'académie de Bruxelles. 1842.

Capellini, Journal de conchyliologie.

Carpenter, Proceedings of the Zoological Society. *London*.

Chemnitz, Conchylien cabinet. 1769-88.

Chereghini, Synonimia de testacei del Adriat. *Venezia*, 1814.

Clark (W.), Ann. and Magas. of natur. hist. — Zoological journal.

    Id.   History of British mollusca. 1855.

Collard Descheres, Cat. des coq. du dép. du Finistère.

Conrad, American marine conchology. 1831. — Journal ac. sc. nat. *Philadelphie*.

Costa, Catalogo systematico... *Napoli*, 1829.

Id.   Fauna di regni di Napoli. 1840?

Id.   Microdoride Mediterran. 1861.

Couthouy, Boston journal nat. hist.

Cristofori et Jan, Catal. rerum naturalium. 1832.

Crosse, Journal de conchyliologie.

Cuvier, Iconographie du règne animal. — Mémoires ann. mus. *Paris*.

Da Costa, British conchology. 1779.

Danielssen, Beretning om en zoolog. reise. *Christiania*, 1859.

Danilo et Sandri, Elengo di molluschi di Zara. 1853-54.

Daudin, Recueil de mémoires, etc. 1800.

Davidson, Annals and magazine of nat. history. 1852.

Defrance, Dictionnaire des sc. naturelles. *Paris*, 1816-30.

Delle Chiaje, Animali senza vertebre. *Napoli*, 1841.

Deshayes, Monographie du genre *Dentalium*. 1825.

Id.   Encyclopédie méthodique. 1830-32.

Id.   Expédition scientifique de Morée. 1832.

Id.   Mollusques de l'Algérie. 1848.

Id.   Proceedings of Zoolog. Soc. of London. — Journal de conchyliologie.

Deslonchamps, Mém. Soc. Lin. de Normandie, vol. VII. 1842.

Desmarets, Bulletin de la Société philomathique. 1814.

Dillwyn. Descriptive catal. ol Shells. 1817.

Donovan, The natural history of British Shells. 1800-04.

Dorbigny, Mollusques des îles Canaries. *Paris*, 1834.

Draparnaud, Histoire des mollusques, etc. 1805.

Dujardin, Mém. Coq. foss. de Touraine.

Dunker, Novitates. — Proceed. Zool. Soc. *London*. — Journal de conchyliologie.

Duval, Revue zoologique (Guérin). 1840.

Eichwald, Zoologia specialis. 1829-31.

Eschscholtz, Zoological atlas... *Berlin*, 1823-29-33.

Fabricius (Ot.), Fauna Groenlandiæ. 1780.

FISCHER (Paul), Journal de conchyliolog. — Faune du dép. de la Gironde.

FISCHER VON WALDHEIM, Museum Demidoff. 1806-07. — Mém. Soc. imp. de Moscou. 1809.

FLEMING, History of British animals. 1828.

FLEURIAU DE BELLEVUE, Bullet. Soc. philomathique. 1802.

FORBES, Malacologia monensis. *Edimburg*, 1838.

   Id.   Mollusc. of Ægean sea. *London*, 1843-44.

FORBES and HANLEY, History of British mollusca. 1848-53.

FREMINVILLE, Bullet. Soc. philomathique. *Paris*, 1814.

GASKOIN, Proceedings of Zool. Society of London. 1849.

GAY, Catal. des moll. du départ. du Var. 1858.

GERVILLE (De), Catal. des coq. du départ. de la Manche. 1825.

GMELIN, Systema naturæ (Lin.), éd. 13ᵉ. 1788-90.

GOULD, Report on mollusca of Massachussets. 1841.

GRAY, Zoological journal. — Proceedings of zool. soc. London.

   ID.   Spicilegia zoologica. 1829. — Appendix to Ross's voyage. 1824.

   ID.   Zoologia of capit. Becchey's voyage. 1839.

GRUBE, Die insul. Lusina meeresfauna. 1864.

HANCOCK, Annals of natural history. 1846.

HANLEY, Thesaurus conchyliorum.

   ID.   Ipsa Linnei conchylia. 1855.

   ID.   Conchological miscellanies. 1854-58.

HIDALGO, Cat. des coq. des côtes d'Espagne. 1867.

HINDS, Zoologie of the voyage of Sulphur. 1844-45.

HŒNINGHAUS, Monogr. der gatung Crania. 1828.

JEFFREYS, Gleanings on British conchology. 1858-68.

   ID.   Ann. and mag. of natural history.

   ID.   British conchology. *London*, 1863-69.

JOANNIS, Magasin de zoologie (Guérin). 1833-34.

JONAS, Zeitschrift fur malakozoologie. — Malakozoological Blatter.

JONHSTON. Rep. Berwick club. 1835.

KIENER, Species général. 1834-56.

King, Ann. and m. of natural history.

Krohn, Ann. sc. naturelles. 1847. — Jour. de conchyliologie. 1850.

Kroyer, de Danske sasterbauker kjob. 1837-38.

Krynicki, Bullet. Soc. imp. nat. de Moscou.

Kuster, Neu conchylien cabinet. 1837, etc.

Lamarck, Histoire des animaux sans vertèbres. 1818-22.

Laskey, North British testacea (Vernerian Society). 1808-09.

Lea, Observations, 1834.

Leach, Zoological miscellany. 1814-17.

   Id.   Synopsis (editio Gray). 1852.

Lesson, Revue Zoologique. 1842.

Linné, Systema naturæ. Edit. 12e.

   Id.   Museum Ludovicæ Ulricæ. 1764.

   Id.   Mantissa plantarum. 1771.

Loven, Index molluscorum Scandinaviæ. 1846.

Lowe, Zoological journal. 1824-35.

Mac Andrew, Geographical distribution of mollusca. 1854.

Mac Gillivray, Anim. moll. of Scotland. 1844.

Macé, Cat. des coq. du dép. de la Manche. 1860.

Malm, Trans. de la Société royale de Gottemberg. 1863.

Maravigna, Mémoires divers. 1836-42-50.

   Id.   Revue zoologique (Guérin). 1840.

Marcel de Serres, Géognosie des terrains tertaires. 1829

Marryat, Trans. Lin. Society. 1818.

Martens, Malakozoological blatter.

Martin, Journal de conchyliologie.

Maton et Raket, Transactions of Linnean Society. 1807.

Mawe, Linnean syst. of conchology. 1823.

Meckel, Beitrage zur vergleichenden anat. 1809.

Ménard de la Groy, Ann. hist. naturelle Muséum Paris. 1807.

Menke, Synopsis methodica molluscorum. 1830.

   Id.   Zeitschrift fur malakozoologie. 1844-46.

Michaud, Descriptions de Rissoa. 1839.

   Id.   Ann. de la Société Linnéenne de Bordeaux.

Middendorf, Zoologia Rossica. 1849.

Mighels et Adams, On shells of new England. 1842 (Boston journal).

Mighels, Catal. of the shells of Maine. 1843.

Mittre, Revue zoologique. 1841. — Journal de conchyl. 1850.

Id.   Annales des sciences naturelles. *Paris.*

Moller, Index molluscorum Groenlandiæ. 1842.

Montagu, Testacea Britannia. 1803. — Supplém. 1808.

Montfort (Denis de), Conchyliologie systématique. 1808-10.

Morch, Journal de conchyliologie. — Faune des îles Fœroë. 1868.

Morelet, Desc. des coquilles du Portugal.

Mulhfeld (Megerle von), Neuen Systems der schaltiergehaŭse. 1811.

Muller, Prodromus zoologiæ Danicæ. 1776.

Id.   Zoologia Danica, in-f°. 1788-1806.

Nardo, Synonimia delle specie, etc. 1847.

Nilson, Historia molluscorum Sueciæ. 1822.

Nyst, Coquilles foss. de Belgique. 1835. — Descr. coq. foss. 1846.

Olivi, Zoologia adriatica. 1792.

Payraudeau, Catal. des mollusques de Corse. 1826.

Pennant, British zoology. *Londres,* 1776-77.

Pfeiffer. Revue zoologique. — Zeitscrift für malakozoologie.

Philippi, Enumeratio molluscorum Siciliæ. 1836 et 1844.

Id.   Zeitschrift für malakozoologie. 1844, etc.

Id.   Abbildungen, etc. 1842-51.

Poli, Testacea utriusque Siciliæ. 1791-1826.

Potiez et Michaud, Galerie des moll. du mus. de Douai. 1838-44.

Pultney, Catal. of shells of Dorsetshire. 1799.

Quoy, Voyage de l'Astrolabe. 1830-35.

Rafinesque, Nuovi Generi e nuove specie. *Palermo,* 1810.

Rang, Manuel de malacologie. 1829.

Id.   Histoire naturelle des Aplysies. 1828.

Recluz, Rev. zoologique et magasin de zoologie (Guérin).

Id.   Journal de conchyliologie.

Reeve, Conchologia iconica. 1843-69.

REEVE, Proceedings of the Zoolog. Society of London.

RENIER, Tavole delle conchylie Adriatiche. 1804

REQUIEN, Catalogue des coquilles de Corse. 1848.

RETZIUS, Schrift d. Ges. nat. tr. *Berlin.*

RISSO, Hist. naturelle des coq. de la Méditerranée. 1826.

SARS, Fauna littoralis Norwegiæ. 1788.

SASSI, Giorn. Ligust. 1827.

SAY, Jour. ann. sc. natur. *Philadelphia.*

SCACCHI, Mémoires divers. 1832-33.

    ID.   Catal. conchyliorum regni Neapolitani. 1836.

SCHMIDT, Beitrage zur malakologie.

SCHRŒTER, Wollstandige Einleitung. 1774-84. — Archiv. Wieg·
mann.

SCHUBERT et WAGNER, Neues Systematiches conchylien cabinet.
1829.

SCHUMACHER, Nouveau Syst. des habitations des mollusques. 1817.

SCHWARTZ VON MOHRENSTEIN, Monographie des Rissoïdes. 1860-64.

SEMPER (O.), Journal de conchyliologie, vol. XIII.

SMITH, Mem. Vernerian society. 1839.

SOWERBY (J.), Mineral conchology. 1812-29.

SOWERBY (G.-B.), Genera of shells. 1820-24.

        ID.   Zool. proceedings Society London. — Zoological
              journal.

        ID.   Conchological illustrations. 1832-39.

        ID.   Catal. of coll. of Tankarville. 1825.

        ID.   Conchological and manual magazine. 1838-39.

SOWERBY (Jun.), Thesaurus conchyliorum. 1843-67.

SPENGLER, Skrivt. natur. Selskab. Kiobenh. 1783.

STIMPSON, Shells of new England. 1851. — Proceed. Boston Nat.
Society.

STORER, Boston journal of natural history, vol. II.

STRŒM, Norsk. vid. selsk. skr.

SWAINSON, Zoological illust. 1820. — Treatise on malacology. 1840.

TASLÉ, Catal. des coq. du départ. du Morbihan. 1867. — Suppl. 1868.

Testa, Descrip. pectunculi Aradasii. 1842.

Thompson, (W.), Mollusc. of Ireland. 1814. — Ann. of natural history.

Thorpe, British marine conchology. 1844.

Tiberi, Descr. di alcuni novi testacei. 1855.

    Id.   Journal de conchyliologie.

Torell, Spitzbergens molluskfauna, 1859.

Totten, Silliman's journal.

Turton, British bivalves. 1807. — Zoological journal.

    Id.   Dithyra britannica.

Valenciennes, Archives Muséum. *Paris.*

Walker, Testacea minuta rariora. 1784.

Waller, Ann. and mag. of natural history.

Weinkauff, Journal de conchyliologie. 1862-66.

    Id.   Die conchylien des mittelmeeres. 1867-68.

Willamson, London mag. of nat. history.

Wood (Searles), The Crag mollusca. 1848-52. — Ann. and mag. of nat. history.

Wood (Searles), Index testaceologicus. 1818-28.

Wood (W.), General conchology. 1815.

    Id.   Index testaceologicus. 1825-29.

Woodarch, Introduction to the study of conchology. 1820.

Woodward, Manuel of mollusca. 1851-56.

    Id.   Ann. and mag. of natural history.

CLASSIFICATION

FAMILLES ET GENRES

ACEPHALA.

GASTROCHÆNIDÆ.	Clavagella. Gastrochæna.	*Lamarck.* *Spengler.*
PHOLADIDÆ.	Teredo. Xylophaga. Pholas.	*Sellius.* *Turton.* *Linné.*
SOLENIDÆ.	Solen. Solecurtus.	*Linné.* *Blainville.*
GLYCIMERIDÆ.	Saxicava. Panopæa.	*Fleuriau de Bellevue.* *Ménard.*
MYADÆ.	Mya. Sphenia.	*Linné.* *Turton.*
OSTEODESMIDÆ.	Thracia. Lyonsia. Cochlodesma.	*Leach.* *Turton.* *Couthouy.*
PANDORIDÆ.	Pandora.	*Bruguières.*

MACTRIDÆ.	Mactra.	*Linné.*
	Lutraria.	*Lamarck.*
CORBULIDÆ.	Corbula.	*Bruguières.*
	Neæra.	*Gray.*
	Poromya.	*Forbes.*
LUCINIDÆ.	Lucina.	*Bruguières.*
	Axinus.	*J. Sowerby.*
UNGULINIDÆ.	Ungulina.	*Daudin.*
	Diplodonta.	*Bronn.*
	Scacchia.	*Philippi.*
ERYCINIDÆ.	Kellia.	*Turton.*
	Montacuta.	*Turton.*
	Bornia.	*Philippi.*
	Poronia.	*Recluz.*
GALEOMMIDÆ.	Galeomma.	*Turton.*
	Lepton.	*Turton.*
DONACIDÆ.	Ervilia.	*Turton.*
	Donax.	*Linné.*
	Mesodesma.	*Deshayes.*
AMPHIDESMIDÆ.	Scrobicularia.	*Schumacher.*
	Syndosmya.	*Recluz.*
TELLINIDÆ.	Tellina.	*Linné.*
	Gastrana.	*Schumacher.*
PSAMMOTIDÆ.	Psammobia.	*Lamarck*
PETRICOLIDÆ.	Petricola.	*Lamarck.*
	Venerupis.	*Lamarck.*
	Coralliophaga.	*Blainville.*

VENERIDÆ.	Tapes.	*Muhlfeld.*
	Cytherea.	*Lamarck.*
	Venus.	*Linné.*
	Artemis.	*Poli.*
	Lucinopsis.	*Forbes.*
	Circe.	*Schumacher.*
CARDITIDÆ.	Turtonia.	*Alder.*
	Cyprina.	*Lamarck.*
	Astarte.	*J. Sowerby.*
	Gouldia.	*C. B. Adams.*
	Cardita.	*Lamarck.*
CARDIDÆ.	Cardium.	*Linné.*
	Isocardia.	*Lamarck.*
CHAMIDÆ.	Chama.	*Linné.*
ARCACIDÆ.	Arca.	*Linné.*
	Pectunculus.	*Lamarck.*
	Limopsis.	*Sassi.*
NUCULIDÆ.	Nucula.	*Lamarck.*
	Leda.	*Schumacher.*
	Yoldia.	*Möller.*
SOLEMYADÆ.	Solemya.	*Lamarck.*
MYTILIDÆ.	Lithodomus.	*Cuvier.*
	Crenella.	*Brown.*
	Modiolaria.	*Gray.*
	Dacrydium.	*Torell.*
	Modiola.	*Lamarck.*
	Mytilus.	*Linné.*

Aviculidæ.	Pinna.	*Linné.*
	Avicula.	*Bruguières.*
Pectinidæ.	Lima.	*Bruguières.*
	Pecten.	*Lamarck.*
	Spondylus.	*Linné.*
Anomiadæ.	Anomia.	*Linné.*
	Placunomia.	*Broderip.*
Ostreidæ.	Ostrea.	*Linné*

BRACHIOPODA.

Crania.	*Retzius.*
Thecidea.	*Defrance.*
Rhynchonella.	*Fischer de Waldheim*
Terebratula.	*Bruguières.*
Argiope.	*Deslongchamps.*

GASTEROPODA.

Chitonidæ.	Chiton.	*Linné.*
Dentalidæ.	Dentalium.	*Linné.*
	Dischides.	*Jeffreys.*
	Siphonodentalium.	*Sars.*
	Cadulus.	*Philippi.*

Patellidæ.	Patella.	*Linné.*
	Acmæa.	*Eschscholtz.*
	Pilidium.	*Forbes et Hanley.*
	Propilidium.	*Forb. et H.*
	Lepeta.	*Gray.*
	Gadinia.	*Adanson.*
Siphonaridæ.	Siphonaria.	*Sowerby.*
Pleurobranchidæ.	Umbrella.	*Lamarck.*
	Tylodina.	*Rafinesque.*
	Pleurobranchus.	*Cuvier.*
Fissurellidæ.	Emarginula.	*Lamarck.*
	Puncturella.	*Lowe.*
	Fissurella.	*Bruguières.*
Calyptridæ.	Calyptræa.	*Lamarck.*
	Crepidula.	*Lamarck.*
	Pileopsis.	*Lamarck.*
Aplysidæ.	Aplysia.	*Linné.*
	Dolabrifera.	*Rang.*
Bullidæ.	Lobiger.	*Krohn.*
	Lophocercus.	*Krohn.*
	Glauconella.	*Gray.*
	Scaphander.	*Montfort.*
	Philine.	*Loven.*
	Amphisphyra.	*Loven.*
	Akera.	*O. Müller.*
	Bulla.	*Linné.*
	Cylichna.	*Loven.*
	Volvula.	*A. Adams.*
	Tornatella.	*Lamarck.*

Neritinidæ.	Neritina.	Lamarck.
Otinidæ.	Otis.	Gray.
Naticidæ.	Natica.	Adanson.
	Amaura.	Möller.
	Amauropsis.	Morch.
	Sigaretus.	Lam.
Velutinidæ.	Coriocella.	Blainville.
	Velutina.	Gray.
Trochidæ.	Haliotis.	Linné.
	Scissurella.	Dorbigny.
	Schismope.	Jeffreys.
	Cyclostrema.	Marryat.
	Delphinula.	Lamarck.
	Margarita.	Leach.
	Trochus.	Linné.
	Turbo.	Linné.
	Phasianella.	Lamarck.
Solaridæ.	Adeorbis.	Searles Wood.
	Solarium.	Lamarck.
	Gyriscus.	Tiberi.
	Bifrontia.	Deshayes.
Littorinidæ.	Littorina.	Ferussac.
	Lacuna.	Turton.
	Fossarus.	Adanson.
Vermitidæ.	Vermetus.	Adanson.
	Siliquaria.	Bruguières.
	Cæcum.	Fleming.

Turritellidæ.	Scalaria.	*Lamarck.*
	Mesalia.	*Adanson.*
	Turritella.	*Lamarck.*
	Mathilda.	*O. Semper.*
Truncatellidæ.	Truncatella.	*Risso.*
	Assiminea.	*Leach.*
Rissoidæ.	Skenea.	*Fleming.*
	Homalogyra.	*Jeffreys.*
	Rissoa.	*Freminville.*
	Rissoina.	*Dorbigny.*
	Jeffreysia.	*Alder.*
Pyramidellidæ.	Odostomia.	*Fleming.*
	Aclis.	*Lowe.*
	Menestho.	*Möller.*
	Chemnitzia.	*Dorbigny.*
	Eulimella.	*Forbes.*
Eulimidæ.	Eulima.	*Risso.*
	Stylifer.	*Broderip.*
Cerithidæ.	Cerithium.	*Adanson.*
	Triforis.	*Deshayes.*
	Cerithiopsis.	*Forbes.*
Pleurotomidæ.	Mangelia.	*Risso.*
	Pleurotoma.	*Lamarck.*
	Bela.	*Gray.*
Priamidæ.	Priamus.	*Beck.*
Strombidæ.	Chenopus.	*Philippi.*
Phoridæ.	Phorus.	*Montfort.*

Cancellaridæ.	Trichotropis.	*Broderip.*
	Cancellaria.	*Lamarck.*
	Torellia.	*Jeffreys.*
	Admete.	*Kroyer.*
Muricidæ.	Purpura.	*Bruguières.*
	Fasciolaria.	*Lamarck.*
	Fusus.	*Bruguières.*
	Trophon.	*Montfort.*
	Buccinopsis.	*Jeffreys.*
	Tritonium.	*Müller.*
	Murex.	*Linné.*
	Typhis.	*Montfort.*
	Latiaxis.	*Swainson.*
	Ranella.	*Lamarck.*
	Triton.	*Lamarck.*
Cassidæ.	Cassidaria.	*Lamarck.*
	Cassis.	*Lamarck.*
	Dolium.	*Lamarck.*
Buccinidæ.	Pollia.	*Gray.*
	Pisania.	*Bivona.*
	Lachesis.	*Risso.*
	Nesæa.	*Risso.*
	Nassa.	*Lamarck.*
	Cyclope.	*Montfort.*
	Columbella.	*Lamarck.*
Volutidæ.	Mitra.	*Lamarck.*
	Ringicula.	*Deshayes.*
	Voluta.	*Linné.*

	Ovula.	*Bruguières.*
	Simnia.	*Risso.*
	Marginella.	*Lamarck.*
CYPRÆIDÆ.	Erato.	*Risso.*
	Pedicularia.	*Swainson.*
	Cypræa.	*L.*
	Trivia.	*Gray.*
CONIDÆ.	Conus.	*Linné.*

CATALOGUE SYNONYMIQUE

ACEPHALA

GASTROCHÆNIDÆ.

G. CLAVAGELLA. *Lamarck.*

C. Aperta.	*Sowerby.*
sicula.	Dell. Ch.
C. Melitensis.	*Broderip.*
angulata.	Philippi.
C. Balanorum.	*Scacchi.*
aperta juv.?	

G. GASTROCHÆNA. *Spengler.*

G. Dubia.	*Pennant* (mya.).
parva.	Da Costa.
faba.	Pultn. (*Pholas*).
pholadia.	Mont.
pusilla.	Olivi (*Pholas*).
modiolina.	Lam.
cuneiformis.	Phil. non *Lam.*
pelagica.	Risso.
Tarentina.	Costa.

PHOLADIDÆ.

G. Teredo. *Sellius.*

T. Norwegica.	*Spengler.*
navium.	Sellius.
Bruguieri.	Del. Ch.
nigra.	Blv.
divaricata.	Deshayes.
fatalis.	Quatrefages.
Deshayesi.	Id.
T. Navalis.	*Linné.*
Batava.	Spengler.
T. Megotara.	*F. et Hanley.*
dilatata?	Stimpson.
Juv. *nana.*	Turt.
T. Pedicellata.	*Quatrefages.*
T. Malleolus.	*Turton.*
T. Bipennata.	*Turton.*
pennatifera.	Blv.
T. Philippii.	*Fischer.*
bipalmulata.	Philippi.

G. Xylophaga. *Turton.*

X. Dorsalis.	*Turton.*

G. Pholas. *Linné.*

P. Dactylus.	*Linné.*
muricata.	Da Costa.
hians.	Pultney.
Var. *Callosa.*	Lam.
P. Candida.	*Linné.*
dactyloides.	Dell. Ch.
spinosa.	Risso (*Barnea*).
P. Parva.	*Pennant.*
ligamentina.	Desh.
Var. *tuberculata.*	Turton.
P. Crispata.	*Linné.*
bifrons.	Da Costa.
P. Papyracea.	*Turton.*
Juv. *lamellata.*	*Id.*
Juv. *Loscombiana.*	*Id.*
Juv. *Vibonensis.*	Philippi.
Goodalli.	Blv.

SOLENIDÆ.

G. Solen. *Linné.*

S. Siliqua.	*Linné.*
Var. *novacula.*	Mont.
Var. *ligula.*	Turton.
crinita.	Poli.

S. Vagina.   *Linné.*
    marginata.   Donovan.

S. Ensis.   *Linné.*
    magnus.   Schumacher.
    falcata.   Poli.

S Legumen.   *Linné.*
    hirundo.   Poli.

S. Pellucidus.   *Pennant.*
    pygmæus.   Lam.
    fragilis.   Pultney.
    tæniatus.   Forbes.
    divisus?   Spengler.

S. Tenuis.   *Philippi.*

S. Schultzeanus.   *Dunker.*

G. Solecurtus. *Blainville.*

S. Strigillatus.   *Linné.*
    golar?   Adanson.

S. Candidus.   *Renier.*
    Juv. *Scopula.?*   Turt. (*Psammobia*).
    albicans.   Nardo.

S. Coarctatus.   *Gmelin.*
    antiquatus.   Pult. non *Mont.*

S. Multistriatus.   *Philippi.*

GLYCIMERIDÆ.

G. SAXICAVA. *Fl. de Bellevue.*

S. Arctica.　　　　　　　Linné.
   minutus.　　　　　　Müll.　(*Solen*).
   præcisus.　　　　　　Brown, Mont.
   purpurea.　　　　　　Turton.
   bicarinata.　　　　　Schum.
   rhomboides.　　　　　Poli　(*Donax*).

S. Rugosa.　　　　　　　Linné.
   pholadis.　　　　　　Id.
   byssifera.　　　　　　Fabr.　(*Mya.*).
   gallicana.　　　　　　Lam.
   distorta.　　　　　　Gould.
   Groenlandica.　　　　Michaud.

G. PANOPÆA. *Ménard de la Groye.*

P. Glycimeris.　　　　　Born.
   Aldrovandi.　　　　　Ménard.

P. Norwegica.　　　　　Spengler.
   arctica.　　　　　　Lam.
   Bivonæ.　　　　　　Phil.
   Spengleri.　　　　　Valenc.
   Solandri.　　　　　Chenu.
   Middendorffi.　　　　A. Adams.

P. Plicata.　　　　　　Montag.　(Mytilus).
   fragilis.　　　　　　Nyst.　(Saxicava).

MYADÆ.

G. Mya. *Linné.*

M. Arenaria.		*Linné.*
	mercenaria.	Say.
	Var. *Uddevallensis.*	Forbes.
M. Truncata.		*Linné.*
	Var. min. *ovalis.*	Turt.
	Juv. *Swainsoni.*	Turt. (*Sphenia*).

G. Sphenia. *Turton.*

S. Binghami.	*Turt.*
costulata.	Mac. Gil.

OSTEODESMIDÆ.

G. Thracia. *Leach.*

T. Pubescens.		*Pulney* (Mya.).
	myalis.	Lam. (*Anatina*).
T. Convexa.		*Wood.*
T. Corbuloides.		*Deshayes.*
T. Papyracea.		*Poli* (Tellina).
	fragilis.	Pen.
	phaseolina.	Lam.
	ovata.	Brown.
	truncata.	Mac. Gil.
	intermedia.	Clark.

Var. *villosiuscula.* Mac. Gil. (*Anatina*).

T. Truncata. *Brown.*
  myopsis. Moll.

T. Distorta. *Mont.* (Mya).
  sinuosa. Donov.
  truncata. Turt.
  rupicola. Lam. (*Anatina*).
  concentrica. Fl. de Bel.
  ovalis. Phil.
  fabula. Id.
  elongata. Id.
  brevis. Desh.
  inflata. Dan. et Sandri.

T. Pholadomyoïdes. Forbes.

G. Lyonsia. *Turton.*

L. Norwegica. *Chemnitz.*
  nitida. Fabr. non *Müller.*
  striata. Turt.
  corbuloides. Lam (*Amphidesma*).
  elongata. Gray.
  pellucida. Brown (*Mya*).

  Var? *coruscans.* Scac. (G. Pandorina).
  arenosa? Moll.

G. Cochlodesma. *Couthouy.*

C. Prætenue.   *Pultney* (Mya).

PANDORIDÆ.

G. Pandora. *Bruguière.*

P. Inæquivalvis.   *Linné.*
   margaritacea.   Lam.
   rostrata.   id.

P. Obtusa.   *Lamarck.*
   pinna?   Mont. (*Solen.*).

P. Flexuosa.   *Sowerby.*
   oblonga.   Phil.

P. Glacialis.   *Leach.*

MACTRIDÆ.

G. Mactra. *Linné.*

M. Ovalis.   *Say.*
   similis.   Gray.
   ponderosa.   Phil.

M. Helvacea.   *Chemnitz.*
   glauca.   Gmelin.
   Neapolitana.   Poli.

M. Stultorum.   *Linné* (Cardium).
   radiata.   Da Costa   (*Trigonella*).
   Var. *cinerea.*   Mont.
   V. *lactea.*   Lam.
   V. *inflata.*   Phil.
   V. *corallina.*   Lin.
   intermedia.   Aradas.

M. Truncata.   *Montagu.*

M. Subtruncata.   *Montagu.*
   deltoidalis?   Lamarck.
   striata.   Brown.

M. Triangula.   *Renier.*
   cuneata ? F.   Sow.
   lactea.   Poli non *Gmel.*

M. Solida.   *Linné.*
   crassa.   Turt.
   zonaria.   Da Costa.

M. Elliptica.   *Brown.*
   an *solida* var. ?

M. Epidermia.   *Deshayes.*
   an *nitida ?*   Gray.

G. Lutraria. *Lamarck.*

L. Elliptica.   *Lamarck.*
   magna.   Da Costa.
   vulgaris.   Fleming.

L. Oblonga.   *Chemnitz.*
  hians.   Pultney.
  solenoides.   Lamarck.
  solida ?   Philip.
  solenoidea.   Brown.
  Var. *dissimilis.*   Desh.

L. Rugosa.   *Chemnitz.*

CORBULIDÆ.

G. CORBULA. *Bruguière.*

C. Inæquivalvis.   *Mont.* (Mya.).
  gibba.   Olivi (*Tellina*).
  nucleus.   Lam.
  striata.   Fleming.
  olympica.   Costa.
  Var. *rosea.*   Brown.

C. Mediterranea.   *Costa.*
  parthenopœa.   Dell. Ch. (*Tellina*).
  physoides.   Desh.

C. Ovata.   *Forbes.*
  mediterranea. Var.
   maj?

C. Porcina.   *Lamarck.*
  trigona ?   Hinds.

C. Reflexa.   *Costa.*

C. Mactriformis.   *Biondi.*

G. Neæra. *Gray.*

N. Cuspidata.	*Olivi* (Tellina).
brevirostris.	Brown (*Anatina*).
N. Rostrata.	*Splenger* (Mya.).
longirostris.	Lam.
attenuata.	Forbes.
renovata.	Tiberi.
N. Costellata.	*Deshayes* (Corbula).
radiata.	Calcara.
sulcata.	Loven.
rostrato-costata.	Martens.
rostrato-costellata.	Acton.
Actoni.	Tiberi.
naticuta.	Chiereghini.
N. Arctica.	*Sars.*
N. Abbreviata.	*Forbes.*
vitrea.	Loven.
N. Obesa.	*Loven.*

G. Poromya. *Forbes.*

P. Granulata.	*Nyst.*
Koreni.	Lov. (*Embla.*).
vitrea?	Desh (*Corbula*).
Parthenopea.	Tiberi (*Cumingia*).
P. Anatinoides.	*Forbes.*
granulata?	Nyst.

LUCINIDÆ.

G. Lucina. *Bruguière.*

L. Borealis.   *Linné.*
   radula.   Mont. (*Tellina*).
   alba.   Turt.

L. Spinifera.   *Mont.* (Venus).
   hiatelloides.   Phil.
   Var. *Busschaerdi.*   Req. (*Venus*).
   V. *Duminyi ?*   Req.   *id.*

L. Leucoma.   *Turton.*
   lactea.   Poli non L.
   lucinalis.   Lam. (*Amphid.*).
   amphidesmoides.   Desh.
   Desmaresti.   Payr.

L. Divaricata.   *Linné* (Tellina).
   digitaria.   Poli non L.
   discors.   Mont.
   arcuata.   Wood.
   commutata.   Phil.

L. Reticulata.   *Poli* (Tellina).
   pecten ?   Lam.
   occidentalis.   Reeve.
   squamosa. F.   Deshayes.

L. Digitaria.   *Linné.*
   digitalis.   Lam.
   cancellata.   Del. Ch. (*Venus*).

L. Transversa.   *Bronn.*

L. Luteola.   *Deshayes.*

G. Axinus. *J. Sowerby.*

    A. Flexuosus.   *Montagu.*
      sinuata.   Don.   (*Tell.*).
      sinuata.   Lam.   (*Lucin.*).
      biplicata.   Phil.   (*Ptychina*).

    A. Ferruginosus.   *Forbes.*
      V. *Abyssicola.*   id.

    A. Sarsii.   *Philippi.*

UNGULINIDÆ.

G. Ungulina. *Daudin.*

    U. Oblonga.   *Daudin.*

G. Diplodonta. *Bronn.*

    D. Rotundata.   *Mont.* (*Tellina*).
      dilatata.   Phil.
      Jun. *Barleei.*   Jeffreys.

D. Fragilis.   *Phil.* (Lucina).
    gibbosa.   Scac.
    intermedia.   Biondi.
    bullula.   Reeve (*Lucina*).

D. Trigonula.   *Bronn.*
    trigona.   Scac.

D. Apicalis.   *Philippi.*

G. Scacchia. *Philippi.*

S. Elliptica.   *Philippi.*
    oblonga ?   *id.* (*Lucina*).
    nucleola ?   Recluz (*Erycina*).

S. Ovata.   *Phil.* (Erycina).

ERYCINIDÆ.

G. Kellia. *Turton.*

K. Suborbicularis.   *Montagu.*
    pisum.   Scac. (*Erycina*).
    inflata.   Phil. (*Bornia*).
    subtrigona.   Jeffr. (*Poromya*).

K. Lactea.   *Brown.*
    Cailliaudi.   Recluz.
    suborbicularis var. ?

K. Transversa.   *Forbes.*

G. MONTACUTA. *Turton.*

M. Bidentata.	*Montagu.*
nucleola ?	Recluz (*Erycina*).
exigua.	Loven (*Mesodesma*).
M. Substriata.	*Montagu.*
Danili.	*Brusina.*
Juv. *spatangi.*	*id.*
M. Adansonii.	*Cantraine* (Cycladina).
seminula.	Recluz.
substriata var. ?	
M. ferruginosa.	*Montagu.*
oblonga.	Turt.
purpurascens.	Lam.
elliptica.	Brown.
glabra.	id.
Franciscana ?	Recluz (*Erycina*).
tenella.	Loven.
M. Tumidula.	*Jeffreys.*

G. BORNIA. *Philippi.*

B. Corbuloides.	*Philippi.*
crenulata.	Scacchi.
B. Complanata.	*Philippi.*
Geoffroyi.	*Payr.*

B. Mac-Andrewi.   *Fischer*   (Kellia.)

G. Poronia. *Recluz.*

P. Rubra.   *Mont.*   (Cardium).
   nucleola.   Lam.   (*Amphid.*).
   violacea.   Scac.   (*Erycina*).
   seminulum.   Phil.   (*Bornia*).
   Fontainei.   Mittre   (*Erycina*).

GALEOMMIDÆ.

G. Galeomma. *Turton.*

G. Turtoni.   *Sow.*
   punctura.   Brown   (*Plammobia*).
   formosa.   Scac.   (*Parthenope*).
   striolata.   Dell. Ch.   (*Hiatel.*).
   Polii.   Costa.

G. Lepton. *Turton.*

L. Squamosum.   Mont.   (*Solen*).

L. Nitidum.   *Turton.*
   Var. *Convexum.*   Alder.

L. Clarkiæ.   *Clark.*

L. Sulcatulum.   *Jeffreys.*

DONACIDÆ.

G. Ervilia. *Turton.*

E. Castanea.	*Mont.* (Donax).
ovata.	Brown (*Tellimya*).

G. Donax. *Linné.*

D. Trunculus.	*Linné.*
Var. maj. *anatinus.*	Lam.
vittata.	Da Costa.
biradiata.	Wood.
Sexradiata.	id.
Juv. *ruber.*	Turt.
D. Semistriata.	*Poli.*
fabagella.	Lam.
D. Venusta.	*Poli.*
Cataniana.	Brusina.
D. Polita.	*Poli.*
complanata.	Mont.
vinacea.	Gmelin.
variegata ?	id.
longa.	Bronn.
D. Laskeyi.	*Montagu.*
An *Sp. exotica ?*	

D. Brevis. *Requien.*
trunculus Juv. ?

G. MESODESMA. *Deshayes.*

M. Donacilla. *Lam.* (Amphidesma).
cornea. Poli (*Mactra.*).
plebeja. Pultney.
Lamarckii. Phil.

AMPHIDESMIDÆ.

G. SCROBICULARIA. *Schumacher.*

S. Compressa. *Pultney* (Mactra).
borealis. Penn. (*Venus*).
plana. Da Costa.
gaditana. Gmel. (*Mya.*).
orbiculata. Speng. (*Mya.*).
arenaria. Schum.
Listeri. M. Gilliv.
Var. min. *piperata.* Lin.
callosa. Olivi. (*Solen.*).
calcinelle. Adanson.
Juv. *tenuis.* Sow. (*Amphid.*).
fabula. Brus.

L. Cottardi. *Payraudeau.*
sicula. Sow. (*Ligula*).
Var. *trigona.* Dan. et Sandri.

G. Syndosmya. *Recluz*.

S. Prismatica.   *Montagu*.
angulosa.   Brown.

S. Alba.   *Wood*. (Mactra).
Boissyi.   Lam.
apelina.   *Ren*. (*Tellina*).
pellucida.   Br. (*Tellina*).
Var. *Renieri*.   Phil.
semiradiata.   Scac.
profundissima.   Forbes.
Juv. *occitanea*.   Recl.
radiata.   Loven.
Aradœ.   Biondi.
tumida.   Brusina.

S. Tenuis.   *Mont*. (Mactra).
Bielzi.   Brusina (*Erycina*).
Juv. *trigona*.   id.

S. Segmentum.   *Recluz*.
Var. *Cailliaudi*.   Fischer.

S. Intermedia.   *Thompson*.
nitida.   *Müll*.
vitrea.   Dan. et Sand.

S. **Occitanica**.   *Recluz*.
an *alba* var. ?

S. Rubiginosa.   *Poli* (Tellina).
ovata.   Phil. (*Erycina*).

TELLINIDÆ.

G. Tellina. Linné.

T. Crassa.	*Gmelin.*
depressa.	Da Costa (*Pectunc.*).
rigida.	Pult.
subrotunda.	Desh.
Juv. *maculata.*	Turt.
Juv. *ovata.*	Brown.
T. Balaustina.	*Gmelin.*
serratula.	Chieregh.
T. Balthica.	*Linné.*
solidula.	Mont.
rubra.	Da Costa.
zonata.	Dillw.
T. Fabula.	*Linné.*
fragilissima.	Chemn.
vitrea.	Gmel.
discors.	Pult.
T. Planata.	*Linné.*
complanata.	Gmelin.
T Depressa.	*Gmelin.*
squalida.	Pult.
incarnata.	Poli.
Danieliana.	Brusina

T. Nitida   *Poli.*

T. Tenuis.   *Da Costa.*
     exigua.   Poli.
     Var. *polita.*   Pult.
     V. *hyalina.*   Desh. non *Gmel.*

T. Donacina.   *Linné.*
     trifasciata.   Penn.
     subcarinata.   Broc.
     variegata.   Poli.

T. Lantivyi.   *Payraudeau.*

T. Distorta.   *Poli.*
     An *donacina* var. ?

T. Pulchella.   *Lamarck.*
     rostrata.   Poli.

T. Pusilla.   *Phil.*
     pygmœa.   F. et H.

T. Oudardii.   *Payraudeau.*

T. Calcarea.   *Chemn.*
     sabulosa.   Spengl.
     proxima.   Brown.
     sordida.   Couth.
     Var. *inconspicua.*   Sow.
     Var. *lata.*   Loven non *Gmel.*

T. Tenera. Leach.
  fragilis. Fabr.
  Groenlandica. Gould.
  Fabricii. Hanley.

T. Costæ. *Philippi.*
  cumana. Costa (Psammobia).

T. Serrata. *Brocc.*
  Brocchii. Cantr.

T. Lucida. *Deshayes.*

T. Ovalis. *Requien.*

T. Elongata. *Requien.*

T. Bicolor. *Requien.*

T. Mœsta. *Desh.*

T. Melo. *Reeve.*

G. Gastrana. *Schumacher.*

G. Fragilis. *Linné.* (Venus).
  striatula. Olivi.
  ochroleuca. Lam. (*Tell.*).
  rugosa. Brown.
  Juv. *tarentina.* Lam. (*Psammob.*).

PSAMMOTIDÆ.

G. Psammobia. *Lamarck.*

P. Vespertina. — *Chem.*
radiata. — L.
variabilis. — Pult.
depressa. — Penn. (*Tell.*).
pictus? — Spengl. (*Solen*).
gari. — Poli (*Tellin.*).
albida. — Dilw.
vespertinalis. — Blv.

P. Feroensis. — *Chemnitz.*
truncata. — Spengl.
angulata. — Born.
Bornii. — Gmelin.
radiata. — Da Costa.
incarnata. — Penn.
trifasciata. — Donovan.
muricata. — Scac.

P. Tellinella. — *Lam.*
fragilis. — Mont.
florida. — Turt. non *Lam.*

P. Costulata. — *Turt.*
discors. — Phil.

P. Costata. — *Hanley.*
intermedia. — Desh.

P. Weinkauffi. — *Crosse.*

PETRICOLIDÆ.

G. Petricola. *Lamarck.*

P. Lithophaga.	*Retz.*
decussata.	Mont. (*Mya.*).
costellata,	Turt.
striata.	Lam.
ruperella.	Fl. de Belv.
roccellaria.	Fl. de Belv.
Var. *rariflamma.*	Desh.

G. Venerupis. *Lamarck.*

V. Irus.	*Linné.*
connubiensis.	Penn. (*Tellina*).
cancellata.	Olivi.
V. Substriata.	*Mont.*
decussata.	Phil.
V. Lajonquairei.	Payr.
An *substriata* var. ?	

G. Coralliophaga. *Blainville.*

C. Lithophagella.	*Lam.*
Renieri.	Nardo.
Var. *Setosa.*	Grube.
C. Guerinii.	Payr. (Byssomia).
lithophagella var. ?	

VENERIDÆ.

G. Tapes. *Muhlfeld.*

T. Decussata.   *Linné* (Venus).
  obscura.   Gmelin.
  fusca.   Id.
  rhomboides.   Id.
  reticulata.   Da Costa.
  deflorata.   Born.
  florida.   Poli.

T. Pullastra.   Mont.
  perforans.   Mont. G. *Venerupis.* Lam.
  senegalensis.   Gmel.
  saxatilis.   Flem.
  vulgaris.   Sow.
  Var. *Plagia.*   Jeff. (*Venus*).

T. Virginea.   *Linné.*
  edulis.   Chem.
  rhomboides.   Penn.
  longone.   Olivi.
  Var. *sarniensis.*   Turton.
  virago.   Loven.
  innominata.   Dan. et Sand.

T. Aurea.   *Gmelin.*
  sinuosa.   Penn.
  œnea.   Turton.
  Juv. *nitens.*   Id.
  Var. *bicolor.*   Lam.
  Juv. *Hoberti.*   Brusina.

T. Læta.	*Poli*.
florida.	Lam.
Var. *catenifera*.	Id.
V. *texturata*.	Id.
V. *retifera*.	Id.
T. Petalina.	*Lamarck*.
Beudanti.	Payr.
T. Nitens.	*Scac.* non Phil.
An *petalina* juv. ?	
T. Geographica.	*Chem.*
punctulata ?	Gmel.
litterata.	Poli non *Lam.*
Var. *glandina*.	Lam.
Var. *Tenorii*.	Phil.
saxicola.	Dan. et Sand.
T. Pulchella.	*Lamarck*.
castrensis.	Desh.
T. Picturata.	*Requien.*
T. Pallei.	*Requien.*

G. Cytherea. *Lamarck*.

C. Chione.	*Linn.* (Venus).
glaber.	Da Costa (*Pectunculus*).
Juv. *nitidula*.	Lam.

C. Rudis.   *Poli.*
   nux.   Gmelin.
   Venetiana.   Lam.
   ochropicta.   Kryn.

C. Mediterranea.   *Tiberi.*
   An *rudis* var. ?

G. Venus. *Linné.*

   V. Verrucosa.   *Linné.*
      strigosus.   Da Costa (*Pectunculus*).
      Erycina.   Penn.
      Juv. *cancellata.*   Donov.
      Juv. *subcordata.*   Montg.
      Juv. *Lemanii.*   Payr.

   V. Casina.   *Linné.*
      membranacea.   Da Costa (*Pectunculus*).
      lactea.   Donov.
      discina ?   Lam.
      Var. *casinula.*   Desh.
      V. *consobrina ?*   Id.
      Juv. *reflexa.*   Sow.
      Juv. *Rusteruci.*   Payr.
      Juv. *Giraudi.*   Gay.

   V. Multilamella.   *Lamarck.*

   V. Cygnus.   *Lamarck.*

   V. Effossa.   *Bivona.*

V. Gallina. — *Linn.*
  rugosa. — Penn.
  striatula. — Donov.
  sulcata. — Brown.
  Prideauxi. — Mac. Gill.
  Pennanti. — Forbes.
  Var. *laminosa.* — Mont.

V. Ovata. — *Pennant.*
  pectinula. — Lam.
  spadicea. — Ren.
  Var. *radiata.* — Phil.

V. Fasciata. — *Donovan.*
  Brongniarti. — Payr.
  biradiata. — Risso.
  decipiens. — Hanley.
  Var. *Philippiæ.* — Requien.

V. Fluctuosa. — *Gould.*
  astartoides. — Philip.

V. Dianæ. — *Requien.*
  An *sp. fossil. ?*

G. Artemis. *Poli.*

A. Exoleta. — *Linné* (Venus).
  Pect. *capillaceus.* — Da Costa.

A. Lincta.　　　　　　*Pultney* (Venus).
　lupinus.　　　　　　Poli.
　lunaris.　　　　　　Lam.
　sinuata.　　　　　　Turt.　(*Cytherea*).
　Var. *compta.*　　　　Lov.

G. Lucinopsis. *Forbes.*

L. Undata.　　　　　*Pennant.*
　lactea ?　　　　　　Lam.　(*Cytherea*).
　incompta.　　　　　Phil.
　caduca.　　　　　　Scac.

G. Circe. *Schumacher.*

Minima.　　　　　　*Mont.* (Venus).
　triangularis.　　　　Turt.　(*Cyprina*).
　pumila.　　　　　　Lam.
　Cyrillei.　　　　　　Scac.　(*Cytherea*).
　apicalis.　　　　　　Phil.　　(*Id.*).
　minuta.　　　　　　Brown.　(*Id.*).
　Var. *occitanea.*　　　Recl.　(*Artemis*).
　Sismondæ.　　　　　Calc.　(*Cyth.*).
　V. *emarginata.*　　　Dan. et S.

CARDITIDÆ.

G. Turtonia. *Alder.*

F. Minuta.　　　　　*Fabricius.*
　purpurea.　　　　　Montag. (*Mya.*).

G. Cyprina. *Lamarck.*

C. Islandica. Linné.
vulgaris. Sow.
Pect. *crassus.* Da Costa.

G. Astarte. *J. Sowerby.*

A. Borealis. *Chem.* (Venus).
arctica. Gray.
lactea. Brod.
Var. *cyprinoides.* Duval.

A. Sulcata. Da Costa (Pectunc.).
danmoniensis. Lam. (*G. Crassina*).
scotica. Sow.
crassatella? Blv.

A. Crebricosta. *Forbes.*

A. Elliptica. *Jeffreys.*
semisulcata. Moll.
ovata. Brown.

A. Incrassata. *Brocchi.*
fusca. Poli.
rugata? Sow.
Petagnœ. Costa (Venus).
Juv. *affinis.* Cautr.

A. Compressa. — *Mont.*
   montacuti. — Turt.
   striata. — Gray.
   multistriata. — Mac-Gill.
   obliqua. — Brown.
   V. *convexiuscula.* — Id.
   Var.? *Banksii.* — Leach.
   pulchella. — Jonas.
   Var. *globosa.* — Moll.
   Warhami — Hancok.

A. Excentrica. — *Deshayes.*

A. Triangularis. — *Mont.* (Mactra).
   minutissima. — Mat. et R. (*G. Goodal-lia* Turt.).

   pusilla? — Forbes.

G. Gouldia. *C. B. Adams.*

G. Bipartita. — *Philippi* (Lucina).

G. Cardita. *Lamarck.*

C. Sulcata. — *Bruguière.*

C. Calyculata. — *Linné.*
   sinuata. — Brug.

C. Aculeata. — *Poli.*
   squamosa. — Mich. non *Lam.*
   elegans. — Requien.
   nodulosa, — Reeve.

C. Trapezia.   *Linné.*
   muricata.   Poli.
   squamosa.   Lam.

C. Corbis.   *Phil.*
   minuta.   Scac.

CARDIDÆ.

G. Cardium. *Linné.*

C. Aculeatum.   *Linné.*
   Juv. *ciliare.*   Mont.
   Juv. *parvum.*   Da Costa.

C. Echinatum.   *Linné.*
   mucronatum.   Gmel.
   spinosum.   Mat. et R.
   Var. *Deshayesii.*   Payr.
   Juv. *ciliare.*   Penn.

C. Erinaceum.   *Bruguière.*

C. Paucicostatum.   *Sowerb.*
   ciliare.   Lam.

C. Groenlandicum.   *Chemnitz.*
   radiata.   Don. (*Mactra*).
   edentulum.   Sow.
   colomba.   Lea.
   Fabricii.   Desh.
   Juv. *Boreale.*   Reev.

C. Islandicum. *Chem.*
  ciliatum. Fab.
  arcticum. Sow.
  Juv. *pubescens.* Couth.

C. Tuberculatum. *Linné,*
  rusticum. Forbes.
  tuberculare. Sow.

C. Hians. *Brocc.*
  indicum. Lam.

C. Edule. *Linné.*
  vulgare. Da Costa.
  zonatum. Brown.
  Lamarckii. Reeve.
  Var. *rusticum.* Chem.
  V. *crenulatum.* Lam.
  V. *glaucum.* Brug.
  V. *Balthicum.* Reeve.

C. Norwegicum. *Spengler.*
  crassum. Gmel.
  lœvigatum. Penn. *non Linné.*
  Pennanti. Reeve.
  vitellum. Id.
  Juv. *medium.* Turt.

C. Oblongum. *Chemn.*
  sulcatum. Lam.
  serratum. Brug. non *Lin.*
  flavum. Born.

C. Papillosum.	*Poli.*
scobinatum.	Lam,
planatum.	Ren.
Polii.	Payr.
C. Exiguum.	*Gmelin.*
pygmæum.	Donov.
siculum.	Sow. J.
aquilinum.	Mittre.
subangulatum.	Scac.
Var. parvum.	Phil.
V. parasiticum.	Da Costa.
Juv. muricatulum.	Mont.
Juv. Helleri.	Brusina.
C. Fasciatum.	*Montagu.*
elongatum.	Turt.
ovale,	Sow.
rubrum.	Reeve.
C. Nodosum.	*Turton.*
scabrum.	Phil.
radula.	Desh.
roseum?	Lam.
Var. punctatum?	Phil.
C. Minimum.	*Philippi.*
suecicum.	Lov.
Loveni.	Thomps.
suediense.	Reeve.
C. Elegantulum.	*Möller.*

G. Isocardia. *Lamarck.*

I. Cor.   *Linné.*
     communis.   Schum.   (*Bucardia*).
     Hibernica.   Reeve.

CHAMIDÆ.

G. Chama. *Linné.*

C. Gryphoides.   *Linné.*
     unicornis.   Ch. non *Lam.*
     asperella.   Lam.

C. Gryphina.   *Lamarck.*
     sinistrorsa?   Broc.
     rusticula.   Desh.

ARCACIDÆ.

G. Arca. *Linné.*

A. Noæ.   *Linné.*

A. Tetragona.   Poli.
     tortuosa.   Pen.
     fusca.   Don *non* Lam.
     papillosa.   Brown.
     navicularis.   Phil. non *Brug.*
     Var. *Britannica.*   Reeve.

A. Barbata.   *Linné.*
     reticulata.   Turt.
     cylindrica.   Wood.

A. Diluvii.	*Lam.*
antiquata.	Poli *non* L.
Var. sen. *auriculata.*	Lam.
Weinkauffi.	Crosse.
A. Lactea.	*Linné.*
nucleus.	Pen.
crinita.	Pult.
perforans.	Turt.
nodulosa.	Mich. non *Müll.*
modiolus.	Poli.
Gaymardi.	Payr.
Var. Quoyi.	Id.
A. Scabra.	*Poli.*
A. Clathrata.	*Lam.*
imbricata.	Poli non *Brug.*
pulchella.	Reeve.
A. Pectunculoides.	*Scac.*
raridentata.	Loven.
A. Obliqua.	*Phil.* non *Reeve.*
Korenii.	Daniels.

G. Pectunculus. *Lamarck.*

P. Glycimeris.	*Chemnitz.*
bimaculatus.	Poli.
siculus.	Reeve.

P. Pilosus.	*Linné.*
orbicularis.	Da Costa.
undatus.	Chem.
marmoratus.	Chem.
flammulatus.	Renier.
Var. *punctatus.*	Calcara.
V. *nummarius.*	Turt. non *L.*
Juv. *decussatus.*	Turt.
P. Stellatus.	*Lamarck.*
P. Violacescens.	*Lamarck.*
Var. *pallens?*	L.
Var. *zonalis.*	Lam.
Juv. *nummarius.*	L.
P. Lineatus.	*Philippi.*

G. Limopsis. *Sassi.*

L. Pygmæus.	*Philippi.*
L. Auritus.	*Brocchi.*
sublævigata.	Nyst. (*Trigonocœlia*).
L. Minutus.	*Philippi.*
borealis?	Woodward.

NUCULIDÆ.

G. NUCULA. *Lamarck.*

N. Nucleus.	*Linné* (Arca).
argentea.	Da Costa.
margaritacea.	Lam.
similis.	Sow.
Var. *tumidula.*	Malm.

N. Radiata.	*Hanley.*
An *nucleus* var.?	

N. Belloti.	*A. Adams.*
expansa.	Reeve.

M. Sulcata.	*Bronn.*
decussata.	Sow.
Polii.	Phil.

N. Nitida.	*Sowerby.*

N. Tenuis.	*Montagu* (Arca).
inflata.	Hancock.
obliquata.	Beck.

N. Mac Andrewi.	*Hanley.*
An *tenuis?*	

N. Delphinodonta.	*Mighels.*
corticata.	Möll.

G. YOLDIA. *Möller.*

Y. Limatula.	*Say.*
Y. Arctica.	*Gray.*
Cascoensis.	Migh.
myalis.	Hanley.
hyperborea.	Torell.
Y. Thraciæformis.	*Storer.*
angularis.	Möll.
Mulleri.	Gray.
Juv. *navicularis.*	Couth.
Y. Glacialis.	*Gray.*
truncata.	Brown.
Portlandica.	Hitch.
siliqua.	Reeve.
Y. Lucida.	*Loven.*
Y. Frigida.	*Torell.*

G. LEDA. *Schumacher.*

L. Rostrata.	*Chemnitz.*
pernula.	Müll.
L. Caudata.	*Donovan* (Arca).
rostrata.	Sow.
sulcata.	Leach.
tenuisulcata?	Couth.

L. Minuta.   *Fabricius.*
 Groenlandica. Chem.
 parva. Sow.
 Var. *complanata.* Möll.

L. Buccata. *Möller.*

L. Pella.   *Linné.*
 interrupta. Poli.
 fabula. Sow.
 emarginata. Lam.
 Rossianus. Risso (*Lembulus*).

L. Commutata. *Philippi.*
 pella. Brug. non *Lin.*
 striata. Phil. non *Lam.*
 minuta. Broc. non *Gmel.*

L. Pygmæa. *Munster.*
 tenuis. Phil.
 lenticula. Möll.
 gibbosa. Schmidt.
 Var. *abyssicola.* Torell.
 Ægeensis? Forbes.

SOLEMYADÆ.

G. Solemya. *Lamarck.*

S. Mediterranea. *Lamarck.*

MYTILIDÆ.

G. LITHODOMUS. *Cuvier.*

L. Lithophagus.   *Linné.*
   dactylus.   Cuvier.
   Var.? *inflatus.*   Requien.

L. Caudigerus.   *Lamarck.*
   ropan.   Adanson.

G. CRENELLA. *Brown.*

C. Faba.   *Fabricius.*
   arctica.   Leach.

C. Decussata.   *Montagu.*
   glandula.   Totten.
   cicercula.   Möll.

C. Rhombea.   *Berkeley.*
   Prideauxii.   Leach.
   pullus. *Pellucida.*   Jeff.

C. Cupræa.   *Jeffreys.*

G. MODIOLARIA. *Gray.*

M. Discors.   *Linné.*
   discrepans.   Mont.
   tumidus.   Hanley   (*Mytilus*).

M. Lævigata.   *Gray.*
  An *discors* juv.?

M. Nigra.   *Gray.*
  nexa.   Gould.
  compressa.   Menke.
  depressa.   Hanley.
  striatula.   Morch.

M. Marmorata.   *Forbes.*
  discrepans.   Lam.
  Poliana.   Phil.
  Juv. *subpictus.*   Cantraine (*Mytilus*).
  Var. *rostrata.*   Phil.

M. Costulata.   *Risso* (Modiola).

G. Dacrydium. *Torell.*

  D. Vitreum.   *Möller* (Modiola).

G. Modiola. *Lamarck.*

  M. Modiolus.   *Linné.*
  papuana.   Lam.
  curvirostris.   Da Costa.
  vulgaris.   Fleming.
  Juv. *umbilicatus.*   Pennant (*Mytilus*).
  Juv. *curtus.*   Id.   id.

M. Tulipa.   *Lamarck.*
   Var. *radiata.*   Hanley.
   V. *turgida.*   Bean.

M. Barbata.   *Linné.*
   Gibsii.   Leach.
   Var. *adriatica.*   Lam.
   V. *Cavolini.*   Scacchi.
   ovalis?   Sow.

M. Petagnæ.   *Scacchi.*
   barbatellus.   Cantraine (*Mytilus*).

M. Vestita.   *Philippi.*
   agglutinans.   Cantr.
   abscondita.   Aradas.

M. Phaseolina.   *Philippi.*

G. Mytilus. *Linné.*

M. Edulis.   *Linné.*
   vulgaris.   Da Costa.
   communis.   Schum.
   sagittatus.   Poli.
   subsaxatilis.   Willamson.
   Var. *incurvatus.*   Penn.
   V. *abbreviatus.*   Lam.
   V. *retusus.*   Lam.
   V. *ungulatus.*   L.
   V. *pellucidus.*   Penn.
   V. *hesperianus.*   Lam.
   V. *flavus.*   Poli.

M. Galloprovincialis.   *Lamarck.*
    dilatatus.   Gray.
    An *edulis* var. ?

M. Africanus.   *Chemnitz.*
    afer.   Gmel.
    pictus.   Born.

M. Minimus.   *Philippi.*

M. Crispus.   *Cantraine.*
    confusus ?   *Chem.*
    lineatus. ?   Gmelin.
    Balbi.   Brus.

M. Grunerianus.   *Reeve.*

M. Prasinus.   *Menke.*

M. Cylindraceus.   *Requien.*

AVICULIDÆ.

G. Pinna. *Linné.*

P. Nobilis.   *Linné.*
    squamosa.   Gmel.
    rotundata.   Reeve.
    muricata.   Poli non *Lam.*
    Juv. *bullata.*   Gmel.
    J. *marginata.*   Lam.
    Juv. *vitrea.*   Gmel.

P. Rudis.   *Linné.*
 ingens.   Penn.
 Sen. *lœvis.*   Donov.
 pectinata.   F. et H. non *L.*
 Var. *fragilis.* Penn.

P. Truncata.   *Philippi.*

G. Avicula. *Bruguière.*

A. Tarentina. *Lamarck.*
 hirundo pars. L.
 aculeata.   Sow.
 anglica.   Brown.

PECTINIDÆ.

G. Lima. *Bruguière.*

L. Excavata. *Chemnitz.*

L. Inflata.   *Chemnitz.*
 fasciata.   Gmel.
 glacialis.   Poli.
 tuberculata. Oliv.
 ventricosa. Sow.

L. Hians.	*Gmelin.* (Ostrea).
tenera.	Turt.
aperta.	Sow.
lingulata.	Lam.
fragilis.	Flem.
oblonga.	Sow.
vitrina.	Brown.
bullata.	Payr. non *Turton.*
V. *Sarsii.*	Lov.
L. Loscombei.	*Sowerby.*
fragilis.	Mont. non *Chem.*
bullata.	Turt.
clausa.	Dan. et Sand.
L. Subauriculata.	*Montagu* (Pecten).
sulcata.	Brown.
nivea.	Scac.
elongata.	Forbes.
sulculus.	Loven.
unicostata.	Leach.
L. Elliptica.	*Jeffreys.*
L. Cuneata.	*Forbes.*
An *elliptica* juv.?	
L. Crassa.	*Forbes.*
L. Squamosa.	*Lamarck.*
L. Multicostata.	*Sowerby.*

G. PECTEN. *Lamarck.*

P. Maximus. *Linné* (Ostrea).
   vulgaris. Da Costa.
   Juv. *lævis.* Penn.

P. Jacobæus. *Linné.*

P. Islandicus. *Chemnitz.*
   cinabarina. Born. (*Ostrea*).
   Pealii. Conrad.
   Juv. *Fabricii.* Phil.

P. Varius. *Linné.*
   muricatus. Gmel.
   punctatus. Id.
   aculeatus. Id.
   ochroleucus. Id.
   mustelinus. Id.
   incarnatus. Id.
   flammeus. Id.
   versicolor. Id.
   violaceus. Id.

P. Niveus. Mac-Gillivray.
   varius var. ?

P. Pusio. *Linné* (Ostrea).
   palliolum. Ch.
   multistriatus. Poli.
   sentis? Reeve.
   Var. *distortus.* *Da Costa.*
   sinuosus. Lam.
   Isabellæ. M.-Gill.
   irregularis. Desh,

P. Opercularis.   *Linné* (Ostrea).
     sulcatus.   Müll.
     dubius.   Gmel.
     elegans.   Id.
     radiatus.   Id.
     subrufus.   Penn.
     pictus.   Da Costa.
     Var. *lineatus.*   Lam.
     sanguineus.   Risso.

P. Audouini.   *Payraudeau.*
     An *opercularis* var. ?

P. Bruei.   *Payraudeau.*

P. Pes felis.   *Linné.*
     elongata.   Born (*Ostrea*).
     Bornii.   Payr.

P. Polymorphus.   *Bronn.*
     flexuosus.   Poli.
     plicatulus.   Risso.
     undulatus.   Sow.
     Var. *flagellatus.*   Lam.
     V. *Isabella.*   Id.

P. Glaber.   *Linné.*
    sulcatus.   Lam non *Müller.*
    Var. *flavidulus.*   Id.
    virgo.   Id.
    unicolor.   Id.
    griseus.   Id.
    aurantius.   Gmel.
    flavescens.   Id.
    modestus.   Id.
    depressus.   Id.
    aratus.   Id.
    citrinus.   Poli.
    rusticus.   Id.
    nebulosus.   Brown.
    distans.   Payr.

P. Proteus.   *Solander.*
    An *glaber* var. ?

P. Inflexus.   *Poli* (Ostrea).
    7-radiatus?   Müller.
    aspersus.   Lam.
    Var. *clavatus.*   Poli.

P. Danicus.   *Chemnitz.*
    Var. *3-radiatus.*   Id.
    hybridus.   Gmel. (*Ostrea*).
    Jamesoni.   Smith.
    Dumasi.   Payr.

P. Striatus.	*Müller.*
reticulatus.	Ch.
aculeatus.	Jeffr.
fusci.	Gmel.
Landsburghi.	Forbes.
P. Tigrinus.	*Müller.*
domesticus.	Chem.
obsoletus.	Penn.
V. *lœvis.*	Id.
parvus ?	Da Cost.
P. Similis.	*Laskey.*
pygmœus.	Munst.
tumidus.	Turt.
pullus.	Cantr.
Foresti.	Gay.
minimus.	Sars.
P. Hyalinus.	*Poli.*
pellucidus.	Lam.
succineus.	Risso.
pulcherrimus.	Id.
P. Testæ.	*Bivona.*
vitreus.	Risso non *Chemnitz.*
incomparabilis.	Id.
furtivus.	Loven.
P. Actoni.	*Martens.*
Philippii.	Acton.
inæquisculptus.	Tiberi.
An *concentricus ?*	Forbes.

P. Gemellari.   *Biondi.*
    vitreus?   Chem. non *Gray* nec
                         Risso.

P. Groenlandicus.   *Sowerby.*
    vitreus.   Gray. non *Chem.*

P. Imbrifer.   *Loven.*

P. Fenestratus.   *Forbes.*

P. Hoskynsi.   *Forbes.*

P. Dislocatus.   *Say.*

P. Philippii.   *Recluz.*
    gibbus.   Phil. non *Lam.*

G. Spondylus. *Linné.*

S. Gæderopus.   *Linné.*

S. Aculeatus.   Philippi. non *Ch.*
    An *gæderopus* var.?

S. Minimus.   *Chemnitz,*
    albidus.   Brod.
    Gussoni.   Costa.

ANOMYADÆ.

G. Anomya. *Linné.*

A. Ephippium.   *Linné.*
   patellaris.   Lam.
   polymorpha.   Phil.
   tabularis.   Turt.
   Var. *cylindrica.*   Gmel.
   V. *pyriformis.*   Lam.
   sulcata.   Poli.
   striata.   Scac.
   elegans.   Phil.
   V. *electrica.*   L.
   cepa.   L.
   V. *scabrella.*   Phil.
   aspera.   Id.
   rugosa.   Gmel.
   V. *cymbiformis.*   Mat. et R.
   fornicata.   Lam.
   flexuosa.   Gmel.
   V. *pectiniformis.*   Poli.
   margaritacea.   Id.
   V. *squamula.*   Lin.
   plicata.   Bronn.
   coronata.   Bean.
   hemispherica.   Brusina.
   pulchella.   Aradas.
   transversa.   Aradas.
   convexa.   Aradas.

G. Placunanomia. *Broderip.*

P. Patelliformis.	*Linné.*
undulata.	Gmel.
aculeata.	Da Costa.

OSTREIDÆ.

G. Ostrea. Linné.

O. Edulis.	*Linné.*
Var. *depressa.*	Phil.
V. *bicolor.*	Hanley.
Juv. *parasitica.*	Turt.
Juv. *deformis.*	Lam.
Id. *fucorum.*	Lam.
Var. maj. *hippopus.*	*Lamarck.*
O. Ruscuriana.	*Lamarck.*
An *edulis* var.?	
O. Angulata.	*Lamarck* (Gryphæa).
O. Plicata.	*Chemnitz.*
plicatula.	Gmel.
stentina.	Payr.
An *angulata* var.?	
O. Cristata.	*Born.*
Var. *Cyrnusi.*	Payr.
O. Cochlear.	*Poli.*
Italica.	Deshayes.

BRACHIOPODA

G. Crania. *Retzius.*

C. Anomala. — *Müller.*
distorta. — Mont. (*Patella*).
Norwegica. — Lam. (*Orbicula*).

C. Ringens. — *Hæninghaus.*
turbinata. — Poli.

C. Rostrata. — *Hæninghaus.*
personata. — Sow. non *Lam.*

G. Thecidea. *Defrance.*

T. Mediterranea. — *Risso.*
spondylea — Scacchi.

G. Rhynchonella. *Fischer de Vald-heim.*

R. Psittacea. — *Chemnitz.*
spondylea. — Gmel. (*Anomia*).

G. Terebratula. *Bruguière.*

T. Cranium.	*Müller.*
glabra.	Leach.
T. Vitrea.	*Gmelin* (Anomia).
Var. min. *affinis.*	Calcara.
T. Septigera.	*Loven.*
septata ? Fos.	Phil.
T. Spitzbergiensis.	*Davidson.*
T. Caput serpentis.	*Linné.*
V. *retusa.*	*Id.*
aurita.	Gmel.
costata.	Lowe.
emarginata.	Risso.
septentrionalis.	Couth.
Juv. *pubescens.*	Lin.
Id. *nucleus.*	Müll.

G. Argiope. *Deslongchamps.*

A. Anomoides.	*Scacchi.*
depressa.	Forbes.
A. Truncata.	*Linné.*
irregularis.	Blv.
Var. *monstrosa.*	Scacchi.

A. **Decollata.**	*Chemnitz.*
detruncata.	Gmel.
aperta.	Blv.
Var. *dimidiata.*	Scac.
A. **Cuneata.**	*Risso.*
soldaniana.	*Id.*
pera.	Muhlf.
scobinata.	Cantraine.
A. **Lunifera.**	*Philippi.*
cistellula ?	S. Wood.
A. **Neapolitana.**	*Scacchi.*
seminulum.	Phil.
Forhesii.	Davidson.
A. **Capsula.**	*Jeffreys.*
A. **Davidsoni.**	*Reeve.*

GASTEROPODA

G. CHITON. *Linné.*

C. Fascicularis.	*Linné.*
crinitus.	Penn.
æneus?	Risso.
Danielli.	Sow.
Var. *gracilis.*	Jeffr.
C. Discrepans.	*Brown.*
crinitus.	Sow. non *Pennant.*
carinatus?	Risso.
C. Hanleyi.	*Bean.*
Var. maj. *Nagelfar.*	Loven.
abyssorum.	Sars.
C. Cancellatus.	*Sowerby. J.*
albus?	Pult.
C. Alveolus.	*Sars.*

C. Cinereus.   *Linné.*
  Islandicus.   Gmel.
  asellus.   Spengl.
  Var. *onyx.*   Id.
  V. *Rissoi.*   Payr.

C. Ruber.   *Lowe.*
  minimus.   Spengl.
  latus.   Leach.

C. Marginatus.   *Pennant.*
  cimex.   Chemn.
  fuscatus.   Brown.
  variegatus.   Mac-Gill. non *Ph.*
  cinereus.   F. et H. non *L.*

C. Lævis.   *Pennant.*
  septemvalvis.   Mont.
  discors.   Turton.
  achatinus.   Brown.
  corallinus.   Risso.
  Var. *Doriæ.*   Capellini.

C. Marmoreus.   *O. Fabricius.*
  lævigatus.   Fleming.
  latus.   Lowe non *Leach.*
  pictus.   Bean.
  fulminatus.   Couth.

C. Albus.   *Linné.*
  oryza.   Spengl.
  aselloides.   Lowe.
  sagrinatus.   Couth.

C. Fulvus.	*Wood.*
C. Squamosus.	*Linné.*
tessellatus.	Dillwin.
obscurus.	Sow.
siculus.	Gray.
bistriatus.	Wood.
C. Cajetanus.	*Philippi.*
C. Polii.	*Philippi.*
cinereus.	Poli non *Linné.*
C. Pulchellus.	*Philippi.*
C. Variegatus.	*Philippi.*
C. Caprearum.	*Scacchi.*
C. Algesirensis.	*Capellini.*
C. Meneghinii.	*Capellini.*
C. Scytodesma.	*Scacchi.*
C. Stigma.	*Costa.*
C. Euplææ.	*Costa.*
C. Freelandi.	*Forbes.*

DENTALIDÆ.

G. DENTALIUM. *Linné.*

D. Entalis.	*Linné.*
vulgare.	Da Costa.
Juv. *striatum.*	Mont.
D. Tarentinum.	*Lamarck.*
politum.	Turton.
V. *læve.*	Id.
D. Dentalis.	*Linné.*
Lessoni.	Sow.
Panormum.	Chenu.
Var. *fasciatum.*	Deshayes.
D. Novem-costatum.	*Lamarck.*
pseudo-entalis.	Scacchi.
D. Rubescens.	*Phil.* Desh. ?
D. Filum.	*Sowerby. J.*
D. Abyssorum.	*Sars.*
D. Simile.	*Biondi.*
An *Tarentinum* var?	
D. Affine.	*Biondi.*
An *Tarentinum* var?	

G. Dischides. *Jeffreys.*

    D. **Bifissus.**   *Searles. Wood.*

G. Siphonodentalium. *Sars.*

    S. **Quinquangulare.**   *Forbes.*
         pentagonum.   Sars.

    S. **Vitreum.**   *Sars.*

    S. **Lofotense.**   *Sars.*

G. Cadulus. *Philippi.*

    C. **Subfusiformis.**   *Sars.*

    C. **Gadus.**   *Sowerby.*

PATELLIDÆ.

G. Patella. *Linné.*

    P. **Vulgata.**   *Linné.*

    P. **Tarentina.**   *Lamarck.*
       Var. *depressa.*   Penn.
       V. *athletica.*   Bean.
       V. *scutellaris.*   Blv.
       V. *fragilis.*   Phil.
       margaritacea ?   Gmel.
       Bonardi.   Payr.
       Juv. *aspera.*   Phil.

P. Lusitanica.   *Gmelin.*
   punctata.   Lam.
   granularis.   Costa.
   Var. *nigropunctata.*   Reeve.

P. Ferruginea.   *Gmelin.*
   Lamarckii.   Payr.
   plicata.   Costa.

P. Barbara.   *Lamarck.*
   Rouxii.   Payr.
   An *ferruginea* var.?

P. Safiana.   *Lamarck.*

G. Acmæa. *Eschscholtz.*

A. Pellucida.   *Linné*   (Patella).
   cærulenta.   Da Costa.
   lævis.   Penn.
   cærulea.   Mont.
   elongata.   Flem.
   elliptica.   Id.
   cornea.   Michaud.
   Juv. *bimaculata.*   Mont.

A. Testudinalis.   *Müller.*
   Clealandi.   Sow.
   clypeus.   Brown.
   amœna.   Say.
   Juv. *tessellata.*   Müll.

A. Virginea.	*Müller.*
minima.	Gmel.
parva.	Da Costa.
æqualis.	Sow.
pellucida.	Phil. non *Linné.*
Juv. *pulchella.*	Brown.
A. Gussoni.	Costa.
vitrea.	Cantraine (*Patelloidea*).
unicolor.	Forbes.

G. Pilidium. *Forbes et Hanley.*

P. Fulvum.	*Müller* (Patella).
rubellum.	Fabric.
Forbesii.	Smith (*Patel.*).

G. Propilidium. *Forbes et Hanley.*

P. Ancyloide.	*Forbes.*

G. Lepeta. *Gray.*

L. Cæca.	*Müller.*
candida.	Couth.
cerea.	Möll.

G. Gadinia. *Gray.*

G. Mamillaris.	*Linné* (Patella).
clypeus.	Scacchi.
depressa?	Requien.

G. Garnoti.   *Payraudeau.*

G. Lateralis.   *Requien.*

G. Excentrica.   *Tiberi.*

G. Siphonaria. *Sowerby.*

S. Algesiræ.   *Quoy.*
   striato-punctata.   Weinkauff.
   palpilabrum.   Reeve.

PLEUROBRANCHIDÆ.

G. Umbrella. *Martyn.*

U. Mediterranea.   *Lamarck.*
   Var. *Lamarckiana.*   Recluz.
   Jun. *patelloidea.*   Cantr. (*Parmophora*).

G. Tylodina. *Raffinesque.*

T. Citrina.   *Joannis.*
   Raffinesquei.   Phil.

T. Duebenii.   *Loven.*

G. Pleurobranchus. *Cuvier.*

P. Plumula.   *Montagu.*
   porosa.   Blv. (*Berthella*).

P. Membranaceus.   *Montagu.*

P. Aurantius.   *Risso.*
  elegans.   Cantr.

P. Stellatus.   *Risso.*

P. Dehaanii.   *Cantraine.*
  tuberculatus.   Meckel.
  Lesueurii.   Blv.

P. Perforatus.   *Philippi.*

P. Testudinarius.   *Cantraine.*
  Forskalii.   Dell. Ch.

A. Brevifrons.   *Philippi.*
  stellatus?   Dell. Ch.

FISSURELLIDÆ.

G. EMARGINULA. *Lamarck.*

  E. Crassa.   *Sowerby.*

  E. Reticulata.   *Chemnitz.*
    fissura.   L.
    lævis.   Recluz.
    Juv. *tenuis.*   Id.

  E. Solidula.   *Costa.*

E. Conica.   *Schumacher.*
  rubra.   Lamarck.
  rosea.   Bell.
  curvirostris.   Desh.
  pileolus.   Mich.
  capuliformis.   Philip.
  Costæ.   Tiberi.

E. Cancellata.   *Philippi.*
  sicula ?   Pot. et Mich.
  Var. *squamulosa.*   Aradas.

E. Elongata.   *Costa.*
  depressa ?   Risso.

E. Huzardi.   *Payraudeau.*
  papillosa.   Risso.
  Cusmichiana.   Brusina.

E. Adriatica.   *Costa.*

G. Puncturella. *Lowe.*

P. Noachina.   *Linné.*
  apertura.   Mont.
  striata.   Brown   *(Sypho).*
  Flemingii.   Leach   *(Rimula).*
  princeps.   Migh et Ad.
  Juv. *Zetlandica.*   Fleming.

G. Fɪssᴜʀᴇʟʟᴀ. *Bruguière.*

F. Græca. Linné.
   reticulata. Da Costa.
   cancellata. Gray.
   Europœa. Sow.
   occitanea. Recl.
   Jun. *apertura.* Mont.
   Jun. *radiata.* Brown.
   Jun. *striata.* Recl.

F. Neglecta. Deshayes.
   mediterranea. Gray.
   costaria. Bast.

T. Nubecula. Linné.
   nimbosa. Phil. non *L.*
   rosea. Gmelin.
   Philippii. Requien.

F. Gibberula. Lamarck.
   minuta. Sow. non *Lam.*
   gibba. Phil.
   candida. Sow.
   Philippiana. Dunker.

CALYPTRIDÆ.

G. Calyptræa. *Lamarck.*

C. Sinensis.	*Linné.*
albida.	Donov.
lævigata.	Lam.
muricata.	Broc.
squamulata.	Renier.
succinea.	Risso.
Polii.	Scacchi.
vulgaris.	Philippi.

G. Crepidula. *Lamarck.*

C. Unguiformis.	*Linné.*
sinuosa.	Turton.
Italica.	Defrance.
candida.	Risso.
cochlear ?	Bast.
C. Moulinsii.	*Michaud.*
gibbosa ?	Defr.
pulchella.	Aradas.

G. Pileopsis. *Lamarck.*

P. Hungaricus.	*Lamarck.*
Juv. *militaris.*	Mac. Gill. non *L.*
Var. *compressa.*	

APLYSIDÆ.

G. APLYSIA. *Linné.*

A. Depilans.	*Linné.*
leporina.	Del. Ch.
A. Punctata.	*Cuvier.*
Cuvierii.	Del. Ch.
guttata.	Sars.
A. Hybrida.	*Sowerby.*
An *depilans* var. ?	
A. Fasciata.	*Poiret.*
vulgaris.	Blainville.
neapolitana ?	Del. Ch.
A. Virescens.	*Risso.*
A. Lepus.	*Philippi.*
A. Rosea.	*Ratke.*
A. Camelus.	*Cuvier.*
A. Marmorata.	*Blainville.*
A. Poliana.	*Delle Chiaje.*
A. Longicornis.	*Rang.*

7

G. Dolabrifera. *Rang.*

    D. Unguifera.   *Rang.*
       marginata.   Blv.

    D. Petalifera.   *Rang.*

BULLIDÆ.

G. Lobiger. *Krohn.*

    L. Philippii.   *Krohn.*
       alata.   Forbes   *(Bullœa).*
       Serra di falci.   Calcara   *(Bullœa).*

G. Lophocercus. *Krohn.*

    L. Gargottæ.   *Calcara*   (Bulla).
       Sieboldii.   Krohn.
       Gravesii.   Forbes   *(G. Icarus).*
       olivacea ?   Rafinesque *(G. Oxinoe)*.

G. Glauconella. *Gray.*

    G. Algira.   *Hanley* (Smaragdinella).

G. Scaphander. *Montfort.*

    S Lignarius.   *Linné.*
       convoluta.   Schumacher.
       giganteus.   Risso.   *(G. Assula).*
       Juv. zonatus.   Turton.

S. **Librarius**.   *Loven.*

S. **Vestitus**.   *Philippi.*

S. **Gibbulus**.   *Jeffreys,*

G. Philine. *Loven.*

  P. **Aperta**.   *Linné* (Bullæa, Lk.).
    sormet.   Adanson.
    quadripartita.   Ascan,
    quadriloba.   Müller.
    planciana.   Philip.
    pullus. *emarginata.*   Adams.

  P. **Scabra**.   *Müller* non *Chemnitz.*
    pectinata.   Dillw.
    catenata.   Leach.
    patulus.   Risso.
    catenulifera.   Mac-Gill.
    angustata.   Biv.
    dilatata.   S. Wood.
    granulosa.   Sars.
    denticulata?   Ad.

  P. **Punctata**.   *Clark.*
    alata ?   Forbes.
    pusilla?   Sars.

  P. **Quadrata**.   *Wood.*
    granulosa.   Moller.
    formosa.   Stimpson.
    scutulum.   Loven.

P. Pruinosa.	*Montagu*.
Finmarkia.	Sars.
P. Catena.	*Montagu*.
punctata.	Adams.
P. Nitida.	*Jeffreys*.
P. Angulata.	*Jeffreys*.
P. Dactylus.	*Menke*.

G. Amphisphyra. *Loven*.

A. Hyalina.	*Turton*.
pellucida.	Loven.
candida.	Brown.
Juv. *minuta*.	Id.
debilis.	Gould.
subangulata.	Moll.
A. Ventrosa.	*Jeffreys*.
A. Expansa.	*Jeffreys*.
A. Globosa.	*Loven*.

G. Akera. *Müller.*

A. Bullata. *Müller.*
jouensis. Penn.
Norwegica. Brug.
resiliens. Donov.
fragilis. Lam.
soluta. Dillw.
flexilis. Brown.
elastica. Dan. et Sand.
Var. *Hanleyi.* Adams.
globosa. Cantr.

G. Bulla. *Linné.*

B. Striata. *Bruguière.*
amigdala. Adams.

B. Hydatis. *Linné.*
hyalina. Gmelin.
navicula. Da Costa.
ampulla. Penn. non *Linné.*
Juv. *pisum ?* Del. Ch.
Juv. *utriculus.* Risso non *Broc.*
Var. *cornea.* Lamarck.

B. Elegans. *Leach non Gray.*
folliculus. Menke.

B. Dilatata. *Leach.*

B. Utriculus.   *Brocchi.*
   Cranchii.   Leach (*G. Roxania*).
   punctura.   Johnston.
   intermedia.   Aradas.
   Cecillei.   Weinkauff.
   Juv. *modesta ?*   Risso.

B. Ovulata.   *Brocchi.*

B. Alba.   *Brown.*
   triticea.   Couth.
   corticata.   Möller.
   An *Sarsii ?*   Phil.
   Juv. *borealis.*

B. Turgidula.   *Forbes.*

B. Cretica.   *Forbes.*

B. Retifer.   *Forbes.*

G. Cylichna. *Loven.*

C. Cylindracea.   *Pennant.*
   oliva.   Gmel.
   cylindrica.   Donovan.
   convoluta.   Brocc.
   alba.   Sow.
   Juv. *producta.*   Mac-Gill.

C. Umbilicata. — *Montagu.*
    subcylindrica. — Brown.
    Blainvilleana. — Recluz.

C. Strigella. — *Loven.*
    umbilicata var. ?

C. Nitidula. — *Loven.*

C. Diaphana. — *Aradas* et *Moravigna.*

C. Mamillata. — *Philippi.*
    striatula. — Forbes.
    minuta. — Mac-Gill.

C. Truncatula. — *Bruguière.*
    truncata. — Ad. non *Broc.*
    retusa. — Mat. et R.
    pellucida. — Mac-Gill.
    semisulcata. — Philip.
    leptoneiloma. — Brusina.

C. Turrita. — *Möller.*

C. Fragilis. — *Jeffreys.*

C. Cuneata. — *Tiberi.*

C. Obtusa. — *Montagu.*
    plicata. — Brown.
    discors. — Id.
    Juv. *denticulata.* — Adams.

C. Pellucida. Brown.
   candida. Mac-Gill.

C. Conulus. *Deshayes.*

C. Semistriata. Requien.

G. Volvula. *A. Adams.*

   V. Acuminata. *Bruguière.*
   fuscicola. Chiereghini.

G. Tornatella. *Lamarck.*

   T. Tornatilis. *Linné.*
   bifasciata. Mart. Risso *(Spea).*
   ovalis. Da Costa.
   fasciata. Lam.
   pellucida. Mac-Gill.
   Juv. *pusilla.* Forbes non *Adams.*
   pullus. *globulina.* Id.
   punctostriata? C. B. Adams.

   T. Globulina. *Forbes.*
   pullus. *tornatilis ?*

   T. Tenella. Loven.
   An *tornatilis* var. ?
   Vel juv.

NERITINIDÆ.

G. NERITINA. *Lamarck.*

N. Viridis. *Linné.*
  pallidula. Risso.

OTINIDÆ.

G. OTINA. *Gray.*

O. Otis. *Gray.* Turton.
  galer. *ovatum.* Brown.

NATICIDÆ.

G. NATICA. *Adanson.*

N. Clausa. *Broderip* et *Sowerby.*
  consolidata. Couth.
  septentrionalis. Möller.
  affinis. Gmelin.
  impervia. Philip.

N. Flava. *Gould.*
  aperta ? Loven.
  Smithii. Brown (*Bulbus*).
  glacialis. Danielssen.

N. **Groenlandica.**	*Möller.*
pusilla.	Gould.
Gouldii.	Philippi.
pallida ?	Sow.
livida.	Bean.
borealis.	Gray.
bulbosa ?	Reeve.
N. **Nana.**	*Möller.*
N. **Montagui.**	*Forbes.*
rufa.	Mont.
rutila.	Mac-Gill.
Juv. *squalida.*	Id.
N. **Alderi.**	*Forbes.*
pulchella.	Risso.
castanea.	Michaud.
intermedia.	Philip.
Poliana.	Scac.
marochiensis.	Lam.
N. **Guilleminii.**	*Payraudeau.*
marmorata.	Risso.
macilenta.	Philip.
grisea.	Requien.
N. **Monilifera.**	Lamarck.
helicina ?	Brocchi.
glaucina.	Pennant.
catena.	Da Costa.
Nicolii.	Forbes.

N. Fusca. *Blainville.*
   sordida ? Phil. non *Swainson.*
   lœvida. Laskey.

N. lntricata. *Donovan.*
   Valenciennesii. Payraud.
   fasciata. Risso.

N. Olla. *M. de Serres.*
   glaucina ? Gmelin.
   Josephinœ. Risso.
   albumen. Scacchi.
   avellana ? Philip.

N. Maculata *Ulysses.*
   Hebrœa. Martyn.
   cruentata. Lamarck.
   maxima. Risso.
   V. *millepunctata.* Lamarck.
   adspersa. Menke.
   V. *sanguinolenta.* Brusina.

N. Dillwinii. *Payraudeau.*

N. Sagraiana. *D'Orbigny.*
   filosa. Philippi.
   lineolata. Id.

N. Textilis. *Reeve.*

N. Vittata. *Chemnitz.*

N. Rizzæ.   *Philippi.*

N. Flammulata.   *Requien.*

G. AMAURA. *Möller.*

    A. Candida.   *Möller.*

G. AMAUROPSIS. *Morch.*

    A. Islandica.   *Gmelin.*
      helicoides.   Johnston.
      canaliculata.   Gould.
      suturalis.   Gray.

    A. Cornea.   Möller.

G. SIGARETUS. *Lamarck.*

    S. Haliotoideus.   *Philippi* non *Lam.*
      Helix neritoidea?   Dell. Ch.

VELUTINIDÆ.

G. CORIOCELLA. *Blainville.*

    C. Perspicua.   *Linné.*
      haliotoidea.   Montag.
      stomatellus.   Risso.
      kindelaninus.   Michaud   *(Sigaretus).*
      Morelli.   Del. Ch.

C. Tentaculata.   *Montagu.*
   An *perspicua* fem.?

C. Groenlandica.   *Möller.*
   glabra.   Couth.   (*Oxinoë*).

C. Latens.   *Müller.*
   Strömii.   Sars.

C. Prodita.   *Loven.*

C. Glacialis.   *Sars.*

G. Velutina. *Gray.*

  V. Lævigata.   *Linné.*
    haliotoidea.   Fabr.   (Helix) non *L.*
    capuloidea.   Blv.
    vulgaris.   Fleming.
    ovatum.   Brown.
    striata.   Müller.
    rupicola.   Conrad.
    Mulleri.   Deshayes.

  V. Plicatilis.   *Müller.*
    flexilis.   Montagu.
    coriacea?   Pallas.

  V. Undatum.   *Smith.*
    zonata?   Gould.

  V. Lanigera.   *Müller.*
    elongata.   Forbes.

TROCHIDÆ.

G. HALIOTIS. *Linné.*

H. Tuberculata.	Linné.
vulgaris.	Da Costa.
Var. *striata?*	L.
V. *lamellosa.*	Lam.
Juv. *glabra.*	Costa.
Juv. *marmorata.*	Id.
bistriata.	Id.
Juv. *bicolor.*	Id.

G. SCISSURELLA. *Dorbigny.*

S. Crispata.	*Fleming.*
angulata.	Loven.
aspera?	Philip.
S. Costata.	*Dorbigny.*
plicata.	Philip.
Dorbignyi.	Scacchi.
cancellata.	Jeffreys.
S. Lævigata.	*Dorbigny.*
calcaroides.	Cantr. (*Delphin.*).
S. Decussata.	*Dorbigny.*
S. Decipiens.	*Costa.*

S. Cingulata. *Costa.*

S. Affinis. *Costa.*

G. Schismope. *Jeffreys.*

    S. Striatula. Philippi. (*Scissurella*).

G. Cyclostrema. *Marryat.*

    C. Cutleriana. *Clark.*
    exilis ? Philip. (*Trochus*).

    C. Nitens. *Philippi.*
    pusilla. Jeffreys (*Margarita*).
    Vahlii. Möller.

    C. Serpuloides. *Montagu.*
    divisa. Fleming (*Skenea*).
    lœvis. Philip. (*Delphinula*).

    C. Costulata. *Möller* (Margarita).

    C. Exilissima. *Philippi* (Delphinula).

    C. Costellata. *Costa* (Heliciella).

    C. Striata. *Philippi* (Valvata).
    Duminyi. Requien (*Delphinula*).
    zonatus. Jeffreys (*Trochus*).

G. Delphinula. *Lamarck.*

D. Calcarata.
 calcar.   Costa (*Solarium*).

G. Margarita. *Leach.*

M. Occidentalis.   *Mighels.*
 alabastrum.   Beck.
 formosus.   F. et Hanl.

M. Groenlandica.   *Chemnitz.*
 fusca ?   Müll.
 undulata.   Sow.
 Var. *lævior.*
 cornea.   Lowe.
 incarnata.   Couth.
 umbilicalis.   Brod.
 Var. *sulcata.*   Sow.
 V. *costellata.*   Sow.

M. Argentata.   Gould.
 glauca.   Möller.
 Harrissoni.   Hancock.

M. Cinerea.   *Gould.*
 striata.   Brod. non *L.*
 costalis.   Loven,
 sordida.   Hancock.

M. Helicina.   *Fabricius.*
  neritoidea.   Gmel.
  margarita.   Laskey.
  inflata.   Totten.
  vulgaris.   Leach.
  arctica.   Gould.

M. Plicata.   *Sars.*
  polaris.   Danielssen.
  elegantissima.   Bean.

M. Acuminata.   *Sowerby.*

M. Amabilis.   *Jeffreys.*

G. Trochus. *Linné.*

T. Granulatus.   *Born.*
  papillosus.   Da Costa.
  tenuis.   Mont.
  fragilis.   Donov.
  interruptus?   Goodall.

T. Zizyphinus.   *Linné.*
  conuloides.   Lam.
  Var. *Lyonsii.*   Leach.
  discrepans.   Brown.
  Juv. *parvus.*   Adams.

T. Conulus.	*Linné.*
Var. *Laugieri.*	Payr.
V. *dubius.*	Phil.
V. *lævigatus.*	Id.
V. *violaceus.*	Risso.
V. *hyacinthus.*	Blv.
V. *solidus.*	Id.
T. Millegranus.	*Philippi.*
Clelandi.	Wood.
Martini.	Smith.
miliaris.	Scac. non *Broc.*
T. Exasperatus.	*Pennant.*
crenulatus.	Broc.
exiguus.	Montag.
pyramidatus.	Lam.
Matonii.	Payr.
tricolor.	Risso.
bicolor.	Id.
elegans.	Blv.
Jacobii.	Aradas.
T. Unidentatus.	*Philippi.*
T. Striatus.	*Linné.*
punctulatus.	Gmelin.
parvus.	Da Costa.
conicus.	Donovan.
erythroleucos.	Lam.
interruptus.	Wood.
flammulatus.	Blv.
depictus.	Deshayes.
Sartorii.	Aradas.

T. **Gravesi**.   *Forbes*.

T. **Montagui**.   *W. Wood*.
 cyrneus.   Requien.
 danmoniensis.   Leach.
 Racketti.   Payraudeau.
 Var. *Ruscurianus ?*   Weinkauff.

T. **Tessellatus**.   *Chemnitz*.
 articulatus.   Lamarck.
 Draparnaudii.   Payraudeau.
 Var. *crassus*.   Pulteney.
 punctulatus.   Blv.
 Juv. *lineatus*.   Pulteney.
 Juv. *sitis*.   Recluz

T. **Fragaroides**.   *Lamarck*.
 tigrinus ?   Chemn.
 tessellatus ?   Gmel.
 osilin.   Adanson.
 turbinatus. ?   Born.
 Olivieri.   Payraud.
 Juv. *tessulatus*.   Born.
 salmoneus.   Chiereghini.

T. **Margaritaceus**.   *Risso*.
 lœvis ?   Chemnitz.
 Richardii.   Payraudeau.

T. Umbilicaris.	*Linné.*
fuscatus.	Born.
umbilicatus.	Montagu.
obliquatus.	Gmelin.
cinerarius.	Puletney.
mediterranea.	Risso (*Gibbula*).
Var. *agathensis.*	Recluz.
T. Varius.	*Philippi.*
varians.	Deshayes.
Roissyi.	Payraud.
radiatus.	Anton.
T. Villicus.	*Philippi.*
T. Canaliculatus.	*Lamarck.*
fasciatus.	Born.
Fermonii.	Payraud.
tessellatus.	Blv. non *Gmel.*
T. Cruciatus.	*Gmelin.*
Vieillotti.	Payr.
mediterranea.	Wood.
T. Glomus.	*Philippi.*
Var. *Blainvillei.*	Cantraine.
T. Jussieui.	*Payraudeau.*
petholatus?	Gmelin.

T. Cinerarius.   *Linné.*
  lineatus.   Da Costa.
  cinereus.   Sowerb.
  lineolatus.   Michaud.
  inflatus.   Blv.
  electissimus.   Bean.
  littoralis.   Brown.
  Var. *perforatus.*   Smith.
  Philberti.   Recluz.

T. Divaricatus.   *Linné.*
  sanguineus.   Gmel. non *Lin.*
  Lessonii.   Payraud.
  Var. *rarilineatus.*   Michaud.
  purpuratus.   Brusina.

T. Magulus.   *Deshayes.*
  Biassoletti.   Philippi.
  Bornii.   Cantraine.
  albidus ?   Gmelin.

T. Spratti.   *Forbes.*

T. Adriaticus.   *Philippi.*
  olivaceus.   Anton.

T. Pumilio.   *Philippi.*

T. Adansonii.   *Payraudeau.*
  Euxinicus.   Andrj.

T. Turbinoides.	*Deshayes.*
troglodites.	Mittre.
Var. *rubra.*	
T. Nebulosus.	*Philippi.*
T. Tumidus.	*Montagu.*
clanculoides.	Wood.
nitens.	W. Wood.
occultus.	Philip.
Nassaviensis.	Recluz.
Jun. *fuscus.*	Walk.
Jun. *serpuloides.*	Mac-Gill.
P. Leucophæus.	*Philippi.*
cinerascens.	Anton.
An *tumidus* Var. *minor?*	
T. Guttadauri.	*Philippi.*
T. Corallinus.	*Linné.*
Couturii.	Payraud.
multigranus?	Philippi.
T. Sanguineus.	*Linné.*
roseus?	Chemn.
purpureus.	Risso.
Belliœi.	Payr.
coccineus.	Deshayes.
ruber?	Dillwin.
minimus.	Benoit.

P. Tinei.   *Calcara* (Monodont.).
   bilabiata.   Philippi.
   limbata.   Id.

T. Magus.   *Linné.*
   tuberculatus.   Da Costa.

T. Fanulum.   *Gmelin.*
   Egyptiacus.   Payr. non *Lamarck.*

T. Pygmæus.   *Philippi.*

T. Lyciacus.   *Forbes.*

T. Pallidus.   *Forbes.*

G. Turbo. *Linné.*

  T. Rugosus.   *Linné.*
    armatus.   Dillwin.

G. Phasianella. *Lamarck.*

  P. Pullus.   *Linné.*
    punctata.   Risso (*Tricolia*).
    Var. *crassa.*   Brusina.

  P. Speciosa.   Muhlfeld.
    Vieuxii.   Payraudeau.
    Nicæensis.   Risso (*Tricolia*).

P. Intermedia.   *Scacchi.*
     An *speciosa* var. ?

P. Tenuis.   *Michaud.*

P. Pulchella.   *Recluz.*
     An *pullus* var. ?
     Turbo *pictus?*   Da Costa.

SOLARIDÆ.

G. ADEORBIS. *Searles Wood.*

A. Subcarinatus.   *Montagu.*
     rugosus.   Brown   (*Turbo*).
     pusilla.   Calcara   (*Delphinula*).

A. Costata.   *Brusina*   (Cyclostrema).

G. SOLARIUM. *Lamarck.*

S. Pseudoperspectivum?   *Brocchi.*
     Juv. *sulcatum.*   Costa non *Lamarck.*
     Juv. *pulchellum.*   Tiberi.

S. Fallaciosum.   *Tiberi.*
     stramineum.   Auctorum non *Lam.*
     Juv. *Architæ.*   Costa.

S. Siculum.   *Cantraine.*
     luteum pars.   Lamarck.
     conulus.   Weinkauff.

S. Discus.   *Philippi.*

G. Gyriscus. *Tiberi.*

G. Jeffreysianus. *Tiberi.*

G. Bifrontia. *Deshayes.*

B. Zanclæa. *Philippi.*

LITTORINIDÆ.

G. Littorina. *Ferussac.*

L. Littoralis.	*Linné.*
obtusata.	Chem.
retusa.	Lam.
ustulata.	Blv.
neritiformis.	Brown.
Var. *fabalis.*	Turt.
Beanii.	Mac-Gill.
L. Littorea.	*Linné.*
vulgaris.	Sow.
communis.	Thomps.
L. Rudis.	*Maton.*
arctica.	Möll.
Groenlandica.	Menke.
Var. *patula.*	Sow.
V. *jugosa.*	Mont.
V. *tenebrosa.*	Mont.
V. *zonaria.*	Bean.
V. *nigrolineata.*	Gray.
V. *rudissima.*	Bean.
V. *sulcata.*	Leach.

L. Saxatilis.	*Johnston.*
neglecta.	Bean.
An *rudis?* **var.**	
L. Neritoides.	*Linné.*
saxatilis.	Olivi.
glabrata.	Muhlf.
petrœa.	Mont.
cœrulescens.	Lam.
elegans.	Risso.
Basteroti.	Payr.
labiata.	Brown.
Lemani.	Dell. Ch.
melanostoma.	Krynicki.
petricola.	Leach.
cœrulea.	Costa.
L. Miliaris.	*Quoy.*
granosa.	Phil.
echinata.	Anton.
L. Syriaca.	*Philippi.*
L. Punctata.	*Gmelin.*
marnat.	Adanson.
Africana.	Philip.
L. Limata.	*Loven.*
L. Glabrata.	*Pfeiffer.*

G. Lacuna. *Turton.*

L. Divaricata.	*Fabricius.*
vincta.	Mont.
pertusa.	Conrad.
Var. *bifasciata.*	Brown.
V. *quadrifasciata.*	Mont.
V. *canalis.*	Turt.
V. *striata.*	Brown.
V. *cornea.*	Id.
V. *labiosa.*	Loven.
L. Solidula.	*Loven.*
divaricata var?	
L. Frigida.	*Loven.*
divaricata var.?	
L. Albella.	*Loven.*
L. Crassior.	*Montagu.*
pallidus.	Donov.
Var. *glacialis.*	Möller.
L. Pallidula.	*Da Costa.*
neritoidea.	Gould.
Var. *patula.*	Thorp.
L. Puteolus.	*Turton.*
auricularis.	Montagu.
parva.	Da Costa.
Juv. *rufa.*	Montagu.
Juv. *sulcata.*	M.-Gilliv.

G. Fossarus. *Adanson.*

F. Ambiguus. *Linné.*
  Fossar. Adanson.
  Adansonii. Philip.
  Lanoei. Baudon.

F. Costatus. *Brocchi.*
  lucullana. Scacchi.

F. Clathratus. *Philippi.*
  minutus. Michaud.

F. Petitianus. *Tiberi.*
  An *mutabilis?* Costa (*Heliciella*).

VERMETIDÆ.

G. Vermetus. *Adanson.*

V. Arenarius. *Linné.*
  gigas. Bivona.
  annularis. Wood.
  dentiferus?? Brusina.

V. Triqueter. *Bivona.*

V. Semisurrectus. *Bivona.*

V. Subcancellatus. *Bivona.*
  intortus? Lamarck.

V. Infundibulum.   *Linné.*

V. Glomeratus.   *Bivona.*

V. Echinatus.   *Linné.*

V. Discus.   *Requien.*

V. Tricuspidatus.   *Sowerby.*
   crystallinus.   Scacc.
   cristatus.   Biondi.

V. Corneus.   *Forbes.*

G. Siliquaria. *Bruguière.*

   S. Anguina.   *Linné.*
     ammonoides. Foss.?   Brocchi *(Serpula).*

G. Cæcum. *Fleming.*

   C. Trachæa.   *Montagu.*
     imperforata.   Adams *(Dentalium).*
     rugulosum.   Phil. *(Odontidium).*

   C. Glabrum.   *Montagu.*
     minutum.   L.?
     lœvis.   Brown.
     lœvissimum.   Cantraine.
     Juv. *mediterraneum.*   Costa *(Spirolidium).*

   C. Obsoletum.   *Carpenter.*

TURRITELLIDÆ.

G. Scalaria. *Lamarck.*

S. Communis.	*Linné.*
clathrus.	Pennant.
clathratus.	Da Costa.
S. Turtonæ.	*Turton.*
planicosta.	Bivon.
tenuicosta.	Mich.
alternicosta.	Brown.
plicata.	Scacc.
S. Lamellosa.	*Lamarck.*
monocycla.	Scacchi.
pseudoscalaris.	Philip. (*Fos.*).
S. Eburnea.	*Michaud.*
S. Soluta.	*Tiberi.*
lamellosus?	Dell. Ch. (*Turbo*).
Celesti?	Aradas.
S. Clathratula.	*Adams.*
minuta.	Sow.
Georgettina.	Kiener.
pulchella.	Philip.
lamellosa.	Dell. Ch. non *Lamarck.*
S. Trevelyana.	*Leach.*

S. Algeriana.   *Weinkauff.*

S. Groenlandïca.   *Chemnitz.*
    planicosta?   Kiener.
    subulata?   Couthouy.

S. Lovéni.   *Adams.*

S. Eschrichti.   *Möller.*
    borealis.   Beck (*Arcisa*).
    undulata.   Sow. J.
    hibernica.   Waller (*Turritella*).

S. Crenata.   *Linné.*
    crenulata.   Kiener.

S. Hellenica.   *Forbes.*

S. Foliacea.   *Sowerby.*

S. Cantrainei.   *Weinkauff.*

G. Mesalia. *Adanson.*

M. Brevialis.   *Lamarck* (Turritella).
    le mesal.   Adanson.
    varia.   Kiener.
    Philippii.   Ar. et Mar. (*Turritel.*).

M. Subdecussata.   *Cantraine* (Scalaria).
    striata.   A. Adams.

G. **Turritella.** *Lamarck.*

T. Ungulina.	*Linné.*
terebra.	Lister.
cornea.	Kiener.
communis.	Risso.
striatula.	Risso.
Linnei.	Deshayes.
Var. *nivea.*	Jeffreys.
T. Triplicata.	*Brocchi.*
imbricata.	Scac. **non** *Lam.*
T. Bicingulata.	*Lamarck.*
biangulata.	Blv.
T. Erosa.	*Couthouy.*
polaris.	Möller.
T. Lactea.	*Möller.*
reticulata.	Ad. (*Mesalia*).
T. Suturalis.	*Forbes.*
T. Pusilla.	*Jeffreys.*

G. **Mathilda.** *Semper.*

M. Quadricarinata.	*Brocchi* (Turritella).
Mac-Andreæ.	H. Adams (*Eglisia*).

TRUNCATELLIDÆ.

G. TRUNCATELLA. *Risso.*

T. Truncatula.	*Draparnaud.*
subcylindrica.	Fleming.
concinna.	Scacchi.
Juv. *Desnoyersi.*	Payraud.
Var. *lœvigata.*	Risso.
Juv. *subtruncatus.*	Montag.
Montagui.	Loven.
Juv. *Theresa.*	Risso (*Fidelis*).

T. Minuta.   *Requien.*

G. ASSIMINEA. *Gray.*

A. Grayana.   *Fleming.*

A. Littorina.   *Del. Chiaje.*
littorea.   Sow.

RISSOIDÆ.

G. SKENEA. *Fleming.*

S. Planorbis.   *Fabricius* (Turbo).
depressa.   Mont. (*Helix*).

G. Homalogyra. *Jeffreys.*

H. Atomus. — *Philippi* (Truncatella).
nitidissima. — F. et Hanl.

H. Rota. — *Forbes et Hanley.*
tricarinata. — Webst.
pulchella. — Costa (*Ammonicerina*).
Juv. *paucicostata.* — Costa (*Id.*).

G. Rissoa. *Fréminville.*

R. Auriscalpium. — *Linné.*
marginata. — Montag.
acuta. — Desmarest.
acicula. — Risso.
Dummondi. — Leach (*Zippora*).
pulchella. — Risso.

R. Oblonga. — *Desmarest.*

R. Elata. — *Philippi.*

R. Venusta. — *Philippi.*

R. Monodonta. — *Bivona.*
subcarinata. — Cantraine.

R. Membranacea. — *Adams.*
costata. — Pult.
labiosa. — Montag.
pulla. — Brown.
fragilis. — Michaud.
V. *Souleyetiana.* — Recluz.

R. Grossa.   *Michaud.*
   membranacea var. ?

R. Octona.   *Sars.*
   membranacea var. ?

R. Cornea.   *Loven.*

R. Sarsii.   *Loven.*

R. Parva.   *Da Costa.*
   alba.   Fleming.
   fuscata.   Brown.
   discrepans.   Id.
   lacteus.   Donov.   (*Turbo*).
   semicostulata.   Anton.
   Matoniana.   Recluz.
   cerasina.   Brusina.
   V. *obscura ?*   Philippi.

R. Interrupta.   *Adams.*
   parva var. ?

R. Pulchella.   *Philippi.*

R. Dolium.   *Nyst.*
   nana.   Philippi.
   pusilla ?   Id.   non *Brocchi.*
   pulchra.   Forbes.
   Philippii.   Ar. et Marav.

R. Inconspicua.   *Alder.*
  albula.   Adams.
  maculata.   Brown.
  granulum ?   Philippi.

R. Ehrenbergi.   *Philippi.*
  Var. *albella.*   Loven.

R. Simplex.   *Philippi.*

R. Lineolata.   *Michaud.*
  œnonensis?   Brusina.

R. Radiata.   *Philippi.*
  undata.   Bivona   (*Loxostoma*).

R. Marginata.   *Michaud.*

R. Similis.   *Scacchi.*
  arata.   Recluz.
  ovatella.   Forbes.
  apiculata.   Danielo.

R. Subcostulata.   *Schwartz.*
  costulata.   Alder.

R. Decorata.   *Philippi.*
  pulchella.   Lanza.

R. Guerinii.   *Recluz.*

R. Variabilis.   *Mühlfeld.*
   costulata.   Risso.
   Rissoanus.   Del. Ch.
   costata.   Desmarest.
   Desmaresti.   Recluz.

R. Ventricosa.   *Desmarest.*
   subventricosa.   Cantraine.

R. Splendida.   *Eichwald.*
   violastoma.   Krinicky.
   ornata.   Philip.

R. Lilacina.   *Recluz.*

R. Violacea.   *Desmarest.*
   punctata.   Michaud.
   amethistina.   Ren.

R. Rufilabrum.   *Leach.*
   porifera.   Loven.

R. Scalariformis.   *Requien.*

§ *Alvaniæ.*

R. Calathiscus.   *Laskey.*
   cimex ?   Linné.
   cancellata.   Desmar.
   granulata.   Phil.
   Europœa.   Risso.
   mammillata.   Id.
   Freminvilliana.   Id.

R. Montagui.   Payraudeau.
  costata.   Scac.
  V. buccinoides.   Desh.
  tereticosta.   Bivona   (Loxostoma).
  Schwartziana.   Brusina.

R. Crenulata.   Michaud.
  cancellata.   Da Costa   (Turbo).

R. Lactea.   Michaud.
  cancellata.   Lam.

R. Abyssicola.   Forbes et Hanley.

R. Jeffreysii.   Waller.

R. Zetlandica.   Montagu.
  obtusa.   Brown.
  cyclostomata.   Recluz.
  clathrata.   Philip.
  scalariformis.   Thorp.

R. Reticulata.   Montagu.
  Beanii.   Hanley.
  Juv. textilis.   Philip.

R. Calathus.   Forbes et Hanley.
  Brocchii.   Weinkauff.

R. Labiata.   Philippi.
  striatula.   Montag. non Linné.
  carinata.   Da Costa non Philip.
  monilis.   Turton.

R. Trochlea.	*Michaud.*
An *Fossarus?*	
R. Cingulata.	*Philippi.*
R. Tenera.	*Philippi.*
R. Scabra.	*Philippi.*
R. Sculpta.	*Philippi.*
cimicoïdes.	Forbes.
R. Costata.	*Adams.*
plicata.	Mühlfeld.
exigua.	Michaud.
carinata.	Philippi.
R. Philippiana.	*Jeffreys.*
Lancæ?	Calcara.
R. Aspera.	*Philippi.*
R. Punctura.	*Montagu.*
reticulata.	Adams.
rudis.	Philip.
R. Dyctyophora.	*Philippi.*
R. Weinkauffi.	*Schwartz.*
R. Tessellata.	*Schwartz.*

R. Scabriuscula.   *Requien.*

R. Melanostoma.   *Requien.*

R. Granulata.   *Requien.*

§ *Cingulæ.*

R. Cingillus.   *Montagu.*
 vittatus.   Donov.
 trifasciatus.   Adams.
 rupestris.   Forbes.
 Var. *graphica.*   Brown.
 V. *fallax.*   Id.

R. Fulgida.   *Adams.*
 fusca.   Philip. (*Truncatella*).
 pygmæa.   Mich.
 fasciata?   Requien.

R. Pulcherrima.   *Jeffreys.*

R. Proxima.   *Alder.*
 pupoides.   Requien.

R. Soluta.   *Philippi.*
 Alderi.   Jeffr.

R. Paludinoides.   *Calcara.*

R. Contorta.   *Jeffreys.*

R. Striata.	*Montagu.*
minutissima.	Michaud.
decussata.	Brown.
candida.	Id.
discors.	Id.
communis.	Forbes.
gracilis.	Mac-Gilliv.
arctica.	Loven.
Var. *saxatilis.*	Möller.
Juv. *Marionæ.*	Mac-Gill.
Juv. *semicostatus.*	Montag.
R. Semistriata.	*Montagu.*
tristriata.	Thomps.
subsulcata.	Philip.
pulchra.	Jonhston.
R. Glabrata.	*Mühlfeld.*
punctulum.	Phil.
nitida.	Brusina.
V. *Epidaurica?*	Id.
R. Globulus.	*Möller.*
R. Vitrea.	*Montagu.*
virginea.	Brown.
crystallina.	Id.
R. Cossuræ.	*Calcara.*

§ *Barleeia*.

R. Rubra.   *Adams* (Clark).
  fulva.   Michaud.
  unifasciata.   Montag.
  aurantiaca.   Brusina.

§ *Hydrobiæ*.

H. Ulvæ.   *Linné.*
  jeverana.   Mühlfeld.
  Balthica.   Nilsson.
  muriatica.   Lamarck.
  rubra.   Mac-Gill.
  Charreyi.   Morelet.
  minuta.   Requien.
  Barleei.   Jeffr.
  Var. *subumbilicata.*   Montag.

H. Ventrosa.   *Montagu.*
  Eburneus.   Adams.
  castanea.   Sow.

G. Rissoina. *D'Orbigny.*

R. Bruguierei.   *Payraudeau.*
  conifera ?   Montagu.
  reticulata.   Risso.

R. Decussata. — *Montagu.*
   arenaria. — Mat. et Rak.
   cochlearella ? — Basterot.
   pyramidella. — Brown.
   alata. — Menke.
   Subcochlearella. — *D'Orbigny.*

G. Jeffreysia. *Alder.*

   J. Diaphana. — *Alder.*
      nitidus? — Adams (*Turbo*).
      glabra ? — Brown.

   J. Opalina. — *Jeffreys.*

   J. Globularis. — *Jeffreys.*

   J. Cylindrica. — *Jeffreys.*

   J. Eburnea. — *Stimpson.*

PYRAMIDELLIDÆ.

G. Odostomia. *Fleming.*

   O. Conoidea. — *Brocchi.*
      plicata. — Flem. non *Mont.*
      polita. — Bivona (*Ovatella*).
      sicula ? — Phil.
      Nagli. — Brusina.
      monodon. — Req. (*Eulim.*).

O. Pallida.	*Montagu.*
ambigua.	Mat. et Rack.
crassa.	Thompson.
unidentata.	Turt. non *Mont.*
Eulimoides.	Hanley.
oscitans.	Loven.
notata.	Jeffr.
V. *angusta.*	Jeffr.
novegradensis.	Brusina.
O. Unidentata.	*Montagu.*
plicata.	Flem. non *Mont.*
O. Conspicua.	*Alder.*
unidentata.	Hanl. non *Mont.*
O. Rissoides.	*Hanley.*
scalaris.	Mont.
punctulum.	Philip.
dubia.	Jeffr.
Var. *nitida.*	Alder.
V. *glabrata.*	F. et H. non *Mühlf.*
V. *alba.*	Jeffr.
O. Lukisii.	*Jeffreys.*
O. Plicata.	*Montagu.*
plicatula.	Dillw.
unidens.	Requien.
vitrea.	Brusina.
Var. *elongata.*	Philip. (*Rissoa*).

O. Obliqua.   *Alder*.
   Var. *Warenii*   Thompson.
   decorata.   Jeffr.
   exilissima.   Brusina (*Auriculina*).
   Juv. *diaphana ?*   Jeffr.

O. Nivosa.   *Montagu*.
   cylindrica.   Alder.
   Annæ.   Mac-Gilliv.

O. Turrita.   *Hanley*.
   striolata.   Alder.

O. Insculpta.   *Montagu*.
   transparens.   Leach.
   divisus ?   Adams (*Turbo*).

O. Acuta.   *Jeffreys*.
   Var. *umbilicata*.   Alder.

O. Umbilicaris.   *Malm*.

O. Decussata.   *Montagu*.
   arenaria.   Mat. et Rack. (*Helix*).

O. Neglecta.   *Tiberi*.

O. Truncatula.   *Jeffreys*.

O. Albella.   *Loven*.

O. Dolioliformis.   *Jeffreys*.

O. Tricincta.   *Jeffreys.*

O. Fasciata.   *Forbes.*

O. Spiralis.   *Montagu* (Turbo).
  pellucida.   Dillw. (*Voluta*).

O. Minima.   *Jeffreys.*

O. Eximia.   *Jeffreys.*
  Barleei.   Clark.

O. Excavata.   *Philippi.*
  Harveyi.   Thompson (*Rissoa*).

O. Moulinsiana.   *Fischer* (Chemnitzia).

G. Aclis. *Loven.*

  A. Ascaris.   *Turton.*
    acutissima.   Brown (*Pyramis.*).

  A. Supranitida.   *Searles Wood.*
    umbilicata.   Dunker (*Turritella*).

  A. Nitidissima.   *Montagu* (Turbo).
    affinis.   Brusina.

  A. Unica.   *Montagu* (Turbo).
    albidus.   Adams (*Turbo*).

A. Walleri.   *Jeffreys.*

A. Gulsonæ.   *Clark.*

G. Menestho. *Möller.*

    M. Albulus.   *Fabricius* (Turbo).
       striatula.   Couth. (*Pyramis*).

    M. Humboldti.   *Risso.*
       lactea.   Michaud (*Tornatella*).
       bullata.   Lowe.
       clathratu.   Philip.
       turriculata.   Calcara.
       striata.   Brusina.

G. Chemnitzia. *D'Orbigny.*

    C. Pallida.   *Philippi.*
       striatulus.   Gmel. (*Turbo*).
       varicosa.   Forbes.
       potamoides.   Cantraine (*Turritella*).

    C. Rufa.   *Philippi.*
       simillima.   Montag.
       fulvocincta.   Thomps.
       crenata.   Lowe.
       fasciata.   Requien non *Forbes.*

    C. Formosa.   *Forbes* et *Hanley.*

C. Lactea.   *Linné* (Turbo).
  albus.   Pennant.
  elegantissima.   Montag.
  acutus.   Donov.
  subarcuatus.   Adams.
  campanellæ.   Philip.

C. Pusilla.   *Philippi.*
  turritella.   Scac.   (*Rissoa*).

C. Gracilis.   *Philippi.*
  An *lactea* var.?

C. Fenestrata.   *Forbes* et *Hanley.*
  Weinkauffi.   Dunker.

C. Scalaris.   *Philippi.*
  decussata.   Mac-Gilliv.
  Interrupta.   Totten.
  Var. *rufescens.*   Forb. et Hanl.

C. Densecostata.   *Philippi.*

C. Obliquata.   *Philippi.*

C. Interstincta.   *Montagu.*
  oblonga.   Mac-Gill.
  obtusa.   Brown.
  suturalis.   Philip.   (*Rissoa*).
  striata.   Phil.
  Deshayesiana.   Recluz.
  perlata?   Requien.
  mamoi.   Arad. et Mar.   (*Rissoa*).

C. Terebellum.   *Philippi.*
    interstincta var. ?

C. Indistincta.   *Montagu.*
    truncata.   Flem.
    Balliæ.   Thomps.
    speciosa.   Bean.
    An *interstincta* var. ?

C. Clathrata.   *Jeffreys.*

G. EULIMELLA. *Forbes.*

    E. Scillæ.   *Scacchi.*
      Mac-Andræi.   Forbes.
      crassula.   Jeffr.

    E. Acicula.   *Philippi.*
      turris.   Forbes.
      subcylindrica.   Dunker.
      Var. *obeliscus.*   Jeffr.
      V. *gracilis.*   Jeffr.
      V. *turritella.*   Requien.

    E. Affinis.   *Philippi.*
      lævis.   Brown.
      ventricosa.   Forbes (*Parthenia*).

    E. Striatula.   *Jeffreys.*

    E. Clavula.   *Loven.*

EULIMIDÆ.

G. EULIMA.

E. Polita. — *Linné.*
    lævis. — Penn.
    albus. — Donov. (*Turbo*).
    anglica. — Sow.
    Boscii. — Payraudeau.
    Gervillei. — Collard des Cherres.

E. Sinuosa. — *Scacchi.*
    nitida. — Philip. non *Lamarck.*
    intermedia. — Cantraine.

E. Nitida. — *Lamarck.*

E. Distorta. — *Deshayes.*
    inflexa. — Blv.
    curvatus. — Chiereghini (*Turbo*).

E. Subulata. — *Donovan.*
    glaber. — Da Costa.
    flavocincta. — Muhlf.
    lineata. — Sow.
    fasciata. — Renier.
    trifasciata. — Adams.
    Cambesedii. — Payraud.
    Donovani. — Forbes.
    unifasciata. — Forbes.

E. Stenostoma.   *Jeffreys.*

E. Bilineata.   *Alder.*

E. Cingulata.   *Requien.*

E. Brevis.   *Requien.*

G. Stylifer. *Broderip.*

S. Turtoni.   *Broderip.*
globosus.   Johnston.
astericola.   Brown.

CERITHIDÆ.

G. Cerithium. *Adanson.*

C. Vulgatum.   *Bruguière.*
le goumier.   Adanson.
nodosus.   Schrœt.
alucoides.   Olivi.
alucaster.   Brocc.
alucastrum.   Risso.
Var. *Basteroti* Fos.   Desh.
V. *vulgatulum* Fos.   Id.
Juv. *muricis.*   Anton.

C. Rupestre.   *Risso.*
    lividulum.   Id.
    fuscatum.   Costa.
    Mediterraneum.   Deshayes.
    tuberculatum.   Blv. non *Lamarck.*
    Pennantii.   Thompson.

C. Mammillatum.   *Risso.*
    granulosum.   Id.
    costulatum.   Id.
    conicum.   Blv.
    sardoum.   Cantraine.
    Var. *peloritanum.*   Cantraine.
    baccatum.   Kiener.
    Var. *lœvigatum.*   Philippi.

C. Lacteum.   *Philippi.*
    niveum.   Brocchi.
    elegans.   Blv. non *Deshayes.*

C. Algerianum.   *Sowerby.*
    An *lacteum* var. ?

G. Triforis. *Deshayes.*

T. Perversa.   *Linné* (Trochus).
    radula.   Olivi (*Murex*).
    striatus.   Muhlf. (*Trochus*).
    maroccanum.   Bruguière (*Cerithium*).
    granulosum.   Renier.
    Savignyi.   Dell. Ch.
    Var. *adversum.*   Montagu.
    pusillum.   Pfeiffer.
    Var. ? *bicolor.*   Scacc.

T. Mac-Andrei.   *A. Adams.*

G. Cerithiopsis. *Forbes* et *Hanley.*

C. Scaber.   *Olivi.*
   lima.   Brug.
   reticulatum.   Montagu.
   ferrugineum.   Brug.
   Latreillei.   Payr.
   elongatum.   Sow.
   Var. *afer.*   Brusina.
   V. *Jadertinus.*   Id.

C. Tubercularis.   *Montagu.*
   pygmœum.   Philippi   (*Cerithium*).
   minima.   Brusina.
   acicula.   Id.
   Var. *Clarkii* ?   Sars.

C. Metaxa.   *Delle Chiaje.*
   angustum.   Desh.   (*Cerithium*).
   Var. *angustissimum.*   Forbes.

C. Crosseanum.   *Tiberi*   (*Cerithium*).
   An *metaxa* var. ?

C. Metula.   *Loven.*
   subulata?   Montag. non *Lam.*
   nitidum.   Forb. et Hanl.
   Var. *bicinctum.*   Sars.

C. Pulchellus.	*Jeffreys.*
C. Trilineatus.	*Philippi* (Cerithium).
terebrale.	Ad.
C. Barleei.	*Jeffreys.*
C. Costulatus.	*Möller* (Turritella).
arcticum.	Morch. (*Cerithium*).
nivea.	Jeffreys.
C. Neglecta.	*C. B. Adams.*

PLEUROTOMIDÆ.

G. Pleurotoma. *Lamarck.*

S. G. *Mangelia.* Risso.

P. Bertrandi.	*Payraudeau.*
heptagona.	Scacchi.
P. Septangulare.	*Montagu.*
costatum.	Da Costa.
Var. *secalinum.*	Philip.
ægeensis?	Forbes.
P. Vauquelini.	*Payraudeau.*
Rossmaesleri?	Anton.

P. **Rugulosum.**   *Philippi.*
  Goodaliana.   Leach.
  Sandriana.   Brusina.
  crassilabrum ?   Requien.

P. **Albidum.**   *Deshayes.*
  secalinum ?   Philippi.

P. **Tæniatum.**   *Deshayes.*
  eburneum.   Bivona.

P. **Cœrulans.**   *Philippi.*
  unifasciatum ?   Deshayes.

P. **Multilineatum.**   *Deshayes.*
  elegans.   Donovan.
  lineolatum.   Rissó.
  lineatus.   Brown   (*Fusus*).

P. **Brachystoma.**   *Philippi.*
  tiarula.   Loven.
  cycladensis.   Forbes.

P. **Costulatum.**   *Risso.*
  costatum.   Pennant.

P. **Abyssicola.**   *Forbes.*

P. **Loveniana.**   *Forbes,*

P. **Nanum.**   *Scacchi.*
  turgida.   Forbes.

P. Pusillum. *Scacchi.*

P. Granum. *Philippi.*
  rude. Id.
  quadrillum Fos. Dujardin.
  Delosensis. Forbes.
  An *clathrata?* Fos. Marcel de Serres.

P. Striolatum. *Philippi.*
  elegans. Brown.
  Farrassii. Thomps.
  Smithii. Forbes.
  fenestrata? Deshayes.

P. Nebula. *Montagu* (Murex).
  V. *pyramidatus.* Brown (*Fusus*).

P. Ginnaniana. *Philippi.*
  costulata. Risso.
  An *nebula* var. ?

P. Attenuata. *Montagu* (Murex).
  gracilis. Scacc.
  Villiersi ? Michaud.
  fuscata. Deshayes.

P. Lævigatum. *Philippi.*
  Metcalfei. Hanley.
  polita. Brusina.

P. Fusiforme. *Requien.*

S. G. Defrancia.   Millet.

P. Gracilis.   *Montagu.*
  emarginatus.   Donov.
  suturale.   Brown.
  Comarmondi.   Michaud.
  oblongus.   Scacchi.
  sinuosus.   Couch.
  Cyrilli ?   Costa.
  pelorius.   Chieregh.
  Juv. *fallax.*   Forbes.
  Juv. *Broscombi.*   Clarck.

P. Reticulatum.   *Renier.*
  echinatus.   Brocc.
  V. *rude.*   Scacc.
  Cordieri.   Payraudeau.
  costulatum ?   Gmelin.
  cancellatum.   Sow. non *Calcara.*
  syracusanum.   Maravigna.
  V. *scabrum.*   Jeffreys.

P. Leufroyi.   *Michaud.*
  sinuosum.   Montag.
  zonale.   Del. Ch.
  inflatum.   Cryst. et J.
  Boothii.   Smith.
  caudicula.   Chieregh.

P. Lineare.	*Montagu.*
elegans.	Donov.
multilineare.	Brown.
Buchanensis.	Mac-Gilliv.
concinnum.	Scacchi.
rosea.	Brusina.
muricoides ?	Blv.
P. Purpureum.	*Montagu.*
Juv. *corbis.*	Michaud.
Var. *Philberti.*	Michaud.
asperrimum.	Brown.
variegatum.	Philippi.
versicolor.	Scacchi.
elegans.	Blv. non *Donov.*
P. Multiplicatum.	*Forbes.*
P. Laviæ.	*Philippi.*
G. Pleurotoma.	Lamarck.
P. Crispatum.	*Cr. et Jan.*
moniliger.	Cantraine (*Fusus*).
Trecchii.	Testa.
Renieri.	Scac.
P. Elegans.	*Scacchi.*
Maravignæ.	Bivona.
costulatum.	Cantraine.
incrassatum.	Dujard.

P. Lyciaca.	*Forbes.*
P. Fortis.	*Forbes.*
P. Minuta.	*Forbes.*
P. Volutella.	*Kiener.*
P. Hystrix.	*Bellardi.*
P. Undatiruga.	*Bivona.*
corrugata.	Kiener.
tenuis.	Gray.
balteata.	Beck. non *Reeve.*
P. Nuperrimum.	*Tiberi.*
P. Boreale.	*Loven.*
teres.	Forbes non *Reeve.*
Barbieri.	Brusina.
P. Carinatum.	*Bivona.*
P. Nivale.	*Loven.*

G. Bela. *Gray.*

B. Pyramidalis.	*Ström.*
pleurotomarius.	Couth.
rufus.	Gould non *Montag.*
discors.	Brown.

B. Rufa. *Montagu.*
 fusca. Brown.
 nigra. Michaud.
 Var. *Ulideana.* Thomps.
 V. *Cranchii.* Brown.
 Juv. *chordula.* Turton (*Murex*).

B. Trevelyana. *Turton.*
 reticulata. Brown.
 Mölleri. Reeve.
 Var. *rugulata.* Id.

B. Turricula. *Montagu.*
 alba ? Pennant.
 angularis. Donov.
 discrepans. Brown.
 Woodiana. Möller.
 exarata. Id.
 harpularia. Couth.
 leucostoma. Reeve.
 Var. *nobilis.* Möll.
 V. *scalaris.* Id.
 rosea. Sars.

B. Demersa. *Tiberi.*

B. Pingelii. *Möller.*

B. Vahlii. *Möller.*

B. Cinerea. *Möller.*
 An *Vahlii* var. ?

B. **Elegans.**   *Möller.*

B. **Cylindracea.**   *Möller.*
   violacea.   Migh. et Ad.
   Groenlandica.   Reeve.
   Beckii? var. *ventricosa* Möller.

B. **Livida.**   *Möller non* Lin.

B. **Holbollii.**   *Möller.*

B. **Nana.**   *Loven.*

PRIAMIDÆ.

G. Priamus. *Beck.*

P. **Stercus pulicum.**   *Chemnitz.*
   ficus.   Martyn. (*Buccinum*).
   maculata.   Swainson (*Achatina*).

STROMBIDÆ.

G. Chenopus. *Philippi.*

C. **Pespelicani.**   *Linné* (Strombus).
   quadrifidus.   Da Costa.

C. **Serresianus.**   *Michaud.*

C. **Mac Andreæ.**   *Jeffreys.*

PHORIDÆ.

G. Phorus. *Denis de Montfort.*

P. Mediterraneus.   *Tiberi.*

CANCELLARIDÆ.

G. Trichotropis. *Broderip.*

T. Borealis.   *Broderip* et *Sowerby.*
  carinatus.   Laskey non *Pennant.*
  Laskeyi.   Mac-Gill.   (*Fusus*).
  costellatus.   Couth.
  umbilicatus.   Smith.
  atlanticus.   Möller.
  cancellatus.   Hinds.
  acuminatus.   Jeffr.

T. Conicus.   *Moller.*

T. Kroyeri.   *Philippi.*

T. Dolium.   *Petit.*
  An *Kroyeri?*

G. Cancellaria. *Lamarck.*

C. Cancellata.   *Linné* (Voluta).
  Var. *similis.*   Sowerb.

G. Torellia. *Jeffreys.*

T. Vestita.   *Jeffreys.*
    aperta.   Id.   (*Recluzia*).

G. Admete. *Kroyer.*

A. Viridula.   *Fabricius* (Tritonium).
    costellifer.   Sow. (*Murex*).
    Buccinoides.   Couthouy.
    Couthouyi.   Say.

A. Crispa.   *Möller.*
    An *viridula* var.?

MURICIDÆ.

G. Purpura. *Bruguière.*

P. Lapillus.   *Linné.*
    sadot.   Adanson.
    filosum.   Gmel. (*Buccinum*).
    Var. *imbricata.*   Lamarck.

P. Hæmastoma.   *Linné* (Buccina).
    sakem.   Adanson.
    gigantea.   Calcara.
    Barcinonensis.   Hidalgo.

P. Nux.   *Reeve* (Murex).
    giton.   Adanson.

G. Fasciolaria. *Lamarck.*

F. **Lignaria.** *Linné.*
    Tarentina. Lamarck.

G. Fusus. *Bruguière.*

F. **Islandicus.** *Chemnitz.*

F. **Holbollii.** *Möller ?*

F. **Gracilis.** *Da Costa.*
    Islandicus. Auctorum.
    corneus. Donovan.

F. **Propinquus.** *Alder.*
    Sabinii. Hancock.
    Var. *turritum.* Sars.

F. **Jeffreysianus.** *Fischer.*
    buccinatus. Jeffreys non *Lam.*

F. **Ebur.** *Morch.*

F. **Lachesis.** *Morch.*

F. **Antiquus.** *Linné.*
    subantiquatus. Dillwin.
    Juv. *decollatus.* Pennant.

F. Despectus.   *Fabricius.*
   carinatus.   Pennant.
   duplicatus.   Donovan.
   Var. *tornatus.*   Gould.
   Var. *fornicatus.*   Fabricius.
   An *spec. distinct?*

F. Borealis.   *Philippi.*
   An *despectus* var.?

F. Spitzbergiensis.   *Reeve.*

F. Berniciensis.   *King.*
   Sabinii.   Gray.

F. Kroyeri.   *Möller.*
   arcticus.   Philip.

F. Turtoni.   *Bean.*

F. Norwegicus.   *Chemnitz* (Strombus).
   Largillierti.   Petit.

F. Contrarius.   *Lamarck.*
   perversus.   Kiener.
   sinistrorsus.   Deshayes.

F. Fenestratus.   *Turton.*
   fusiforme.   F. et H. (*Buccinum*).

F. Corneus.   *Linné.*
   lignarius.   Lam.
   conulus.   Risso.

F. Syracusanus.   *Linné* (Murex).

F. Rostratus.   *Olivi.*
   strigosus.   Lam.
   provincialis.   Blv.
   aciculatus.   Del. Ch.

F. Longurio.   *Weinkauff.*
   An *rostratus* juv. ?

F. Pulchellus.   *Philippi.*
   crispus ?   Brocchi.

F. Vaginatus.   *Philippi.*
   echinatus.   Kiener.
   calcar.   Scacchi.

F. Scaber.   *Lamarck.*
   craticulatus.   Brocchi.
   strigosus.   Blv.

F. Lamellosus.   *Philippi.*
   squamosus.   Bivona.
   Var. *Meyendorfi.*   Calcara (*Murex*).

F. Squamulosus.   *Philippi.*
   Var. *scalaris ?*   Brocchi.

F. Brevis.   *Blainville* (Purpura).
   squamulata.   Philip. (*Pyrula*).
   Borbonica.   Maravigna (*Pyrula*).

F. Fasciolarioides.   *Forbes.*

F. Karamanensis.   *Forbes.*

G. TROPHON. *Montfort.*

    T. Craticulatus.   *Fabricius.*
       Fabricii.   Möller.
       borealis.   Reeve.

    T. Clathratus.   *Möller.*
       bamfius.   Donov. non *Moll.*
       scalariformis.   Gould.
       lamellosus.   Gray.
       multicostatus.   Eschscholtz.

    T. Gunneri.   *Loven.*
       Bamfii.   Möll. non *Donovan.*
       truncatus?   Ström.

    T. Latericeus.   *Möller.*
       incarnatum.   Sars (*Tritonium*).

    T. Barvicensis.   *Johnston.*

    T. Muricatus.   *Montagu.*
       echinatus.   Philip.
       variabilis.   Cr. et Jan.
       asperrimus.   Leach.
       fusulus? Fos.   Brocchi.

G. Buccinopsis. *Jeffreys.*

B. Ovum.   *Turton* (Buccinum).
  Juv. *Flemingiana.*   Mac-Gill. (*Halia*).

B. Dalei.   *J. Sowerby.*
  An *ovum* var. ?
  Var. *eburneum.*   Sars (*Tritonium*).

G. Tritonium. *Müller.*

T. Undatum.   *Linné.*
  Bornianum.   Chemnitz.
  striatum.   Pennant.
  Var. *Groenlandicum.* Chemn.
  V. *cyaneum.*   Brug.
  V. *carinatum.*   Turt.
  V. *solutum.*   Dillw.
  V. *labradorense.*   Reeve.
  V. *imperiale.*   Id.
  V. *pyramidale.*   Id.
  V. *acuminatum.*   Broder.
  V. *tenebrosum.*   Hancock.
  Jun. *breve.*   Adams.
  Jun. *minutum.*   Id.

T. Ciliatum.   *Fabricius.*
  An *undatum* var. ?

T. Scalariforme.   *Möller.*
  Var. *tenue.*   Gray.

T. Deforme.   *Reeve.*

T. Glaciale. *Linné.*
    angulosum. Gray.
    Donovani. Gould.
    tubulosum ? Reeve.

T. Humphreysianum. *Bennett* non *Kien.*
    Puxleianum. Leach.

T. Fusiforme. *Kiener.*

G. MUREX. *Linné.*

M. Brandaris. *Linné.*
    V. *coronatus.* Risso.

M. Trunculus. *Linné.*
    falcatus. Brusina.

M. Erinaceus. *Linné.*
    decussatus. Gm.
    V. *tarentinus.* Lam.
    V. *cinguliferus.* Lk.

M. Distinctus. *Cristofori.*
    scalarinus. Bivona.
    leucoderma. Scacc.
    scalaroides. Blv.

M. Cristatus. *Brocchi.*
    pliciferus. Biv.
    cataphractus. Sow.
    fortis. Fos. Risso.
    Var. *dentatus.* Anton.
    V. *Blainvillei.* Payr.

M. Corallinus.　　Scacchi.
　gyrinus.　　Lask.
　lavatus.　　Phil. non *Bast.*
　badius.　　Reeve.
　V. minutus.　　Deshayes.
　inconspicuus.　　Sow.

M. Hellerianus.　　Brusina.
　Weinkauffii.　　Crosse.

M. Rudis.　　Philippi.

M. Edwardsii.　　Payraudeau.
　Lassaignei.　　Desh. non *Bast.*

G. Typhis. *Montfort.*

T. Fistulosus.　　Sowerby.
　tubifer.　　Brug.
　pungens.　　Broder.
　tetrapterus?　　Brown.

G. Latiaxis. *Swainson.*

L. Laceratus.　　Deshayes.
　cariniferus?　　Sow.

L. Tectum-sinense.　　Deshayes.

L. Babelis.   *Requien.*
    Benoiti.   Tiberi.
    Var. *regalis.*   Requien.

G. Ranella. *Lamarck.*

    R. Reticularis.   *Linné.*
      gigantea.   Lamarck.
      maculata.   Schumacher.
      Jun. *gyrina.*   Montf. (*Apollo*).
      decussata.   Bivona (*Cumia*).

G. Triton. *Lamarck.*

    T. Nodiferum.   *Lamarck.*
      mediterraneum.   Risso.

    T. Variegatum.   *Philippi.*
      An *nodiferum* senior?

    T. Olearium.   *Linné.*
      Vojet.   Adanson.
      costatum.   Born.
      succinctum.   Lam.
      parthenopus.   Dillw. (*Murex*).
      Adansonii.   Dunker.

    T. Corrugatum.   *Lamarck.*
      tripus?   Chemn. (*Murex*).

    T. Cutaceum.   *Linné.*
      Juv. *tuberculare.*   Risso.
      Juv. *gyrinata.*   Id.

T. Scrobiculator.   *Linné.*
   Jabik.   Adanson.
   pes-leonis.   Schumacher.

T. Mediterraneum.   *Sowerby.*
   lanceolatum.   Menke.
   reticulatum.   Blv.
   turriculatum.   Deshayes.
   pygmœum.   Pfeiff.
   Bonanii.   Scacchi.

CASSIDÆ.

G. Cassidaria. *Lamarck.*

C. Echinophora.   *Linné.*
   strigosum.   Gmelin   (*Buccinum*).
   nodosum.   Dillw. (*Buccinum*).
   tubercularis.   Schumacher.
   Var. *carinata.*   Sow.
   V. *depressa.*   Philippi.
   V. monst. *provincialis.*   Martin.

C. Tyrrhena.   *Chemnitz.*
   ochroleuca.   Gmel.
   rugosa pars.   Dilw.

G. Cassis. *Lamarck.*

C. Sulcosa.   *Bruguière.*
   undulatum.   Dillw. non *Gmel.*
   granulosa.   Kuster non *Lam.*
   decussata.   Blv.

C. Saburon.   *Adanson.*
  pomum.   Wagner.

G. Dolium. *Lamarck.*

  D. Galea.   *Linné.*
   Juv. *tenue.*   Menke.

BUCCINIDÆ.

G. Pollia. *Gray.*

  P. Pusio.   *Linné.*
   maculosum. Lamarck (*Buccin.*).
   variegatum. Schub. et Wag.
   Gualtieri.   Scacchi (*Purpura*).
   mercatoria. Del. Ch.
   fasciolaris? Lam.
   syracusana? Gmel. (*Voluta*).

G. Pisania. *Bivona,*

  P. D'Orbignyi. *Payraudeau.*
   nodulosa.   Bivona.
   Silus.   Adanson.
   marminea. Risso (*Mitrella*).
   assimile.   Reeve (*Bucc.*).
   strigosum ? Gmel. (*Buccin.*).
   rusticum ? Lamarck.

P. Leucozona.	*Philippi.*
bicolor.	Cantraine (*Murex*).
P. Picta.	*Scacchi* (Purpura).
Scacchianum.	Philippi (*Buccinum*).

G. LACHESIS. *Risso.*

L. Minima.	*Montagu* (Buccin.).
brunnea.	Donov.
subnigris.	Brown.
multiplicatus.	Reeve (*Pleurotoma*).
L. Mamillata.	*Risso.*
rubrum.	Michaud (*Bucc.*).
turritellatus.	Desh. (*Fusus*).
Var. *perlatum.*	Requien (*Pleurotoma*).

G. NESÆA. *Risso.*

N. Candidissima.	*Philippi* (Buccin.).
N. Pellis phocæ.	*Reeve.*
lineolata.	Tiberi.
N. Granulata.	*Risso.*
Chauveti.	Requien.
N. Folinæ.	*Philippi.*
areolata.	Tiberi.

G. Nassa. *Lamarck.*

N. Mutabilis. — *Linné.*
 tessellatum. — Olivi.
 obliquatum. — Brug. (*Buccin.*).
 gibbum. — Dillw.
 foliosum. — Wood.
 mediterranea. — Risso.

N. Reticulata. — *Linné.*
 vulgatum. — Gmel. (*Buccin.*).
 tessellatum. — Olivi.
 hepaticum. — Mont.

M. Nitida. — *Jeffreys.*
 An *reticulata* var. ?

M. Limata. — *Chemnitz.*
 prismaticum. — Phil. non *Brocchi.*
 scalariforme? — Kiener.

M. Marginulata. — *Lamarck.*
 An *reticulatum?* var.
 min.

N. Gemellari. — *Biondi.*

N. Pygmæa. — *Lamarck.*
 varicosa. — Turton.
 asperulum var. ? — Philippi.

N. Incrassata. *Müller.*
    nanum. Gmel.
    ambiguum. Pulteney.
    minutum. Pennant.
    macula. Montagu.
    ascanias. Brug.
    coccinella. Lam.
    asperulum ? Brocchi.
    riparium. Del. Ch.
    Lacepedei. Payraudeau.
    Var. *intermedia.* Forbes.
    V. *rosacea.* Reeve.

N. Granum. *Lamarck* (Buccinum).

N. Genetta. *Lesson.*

N. Variabilis. *Philippi.*
    stolatum. Gmel.
    zonale. Brug.
    costulatum. Ren.
    unifasciatum. Kiener.
    corrugatum. Brocc.
    Beudantiana. Risso.
    raricosta. Id.
    Cuvieri. Payraudeau.
    Ferussaci. Payraud.
    tessellatum. Scacc. non *Olivi.*
    flexuosum. Costa non *Lam.*
    elegans. Costa non *Brocc.*
    Var. *subdiaphana.* Bivona.

N. Tinei.   *Maravigna.*
     An *variabilis?* var.

N. Trifasciata.   *A. Adams.*

N. Gallandiana.   *Fischer.*

N. Pfeifferi.   *Philippi.*
     V. *glaberrima.*   Gmelin.

N. Corniculum.   *Olivi.*
     fasciolatum.   Lam.
     lævissimum.   Bronn.
     politum.   Bivona.
     Gussonii.   Calcara.
     olivaceum.   Risso.
     Calmeilii.   Payraudeau.
     semiplicatum.   Costa.

N. Scriptum.   *Linné* (Murex).
     corniculum.   Lam. (*Columbel.*)
     flavida.   Del. Ch.
     flaminea.   Risso (*Mitrella*).
     minus.   Phil.
     politum.   Cantraine.
     Gervillei.   Payr.
     Var. *Linnei.*   Payr.
     marmorea?   Gmelin.
     nasuta?   Id.
     Juv. *lineolatus.*   Risso.

N. Dermestoideum.   *Lamarck.*

G. Cyclops. *Montfort.*

C. Neriteum. *Linné* (Buccinum).
  Juv. *unifasciata.* Risso (*Nanina*).

C. Pellucidum. *Risso.*
  Donovani. Risso.
  An *neriteum* var. ?

G. Columbella. *Lamarck.*

C. Rustica. *Linné* (Voluta).
  Sigar. Adanson.
  spongiarum. Kiener.
  punctata. Risso.
  Guilfordia. Id.

C. Tringa. *Lamarck.*
  decollata. Brusina.

C. Crosseana. *Recluz.*

C. Minor. *Scacchi.*
  minus. Philippi.
  Thorrenti. Mittre.

C. Haliæti. *Jeffreys.*

VOLUTIDÆ.

G. Mitra. *Lamarck.*

M. Zonata.   *Swainson.*
   Santangeli.   Maravigna.

M. Plicatula.   *Brocchi.*
   An *ebenus* var. ?

M. Ebenus.   *Lamarck.*
   cafra.   Olivi.
   plumbea ?   Lam.
   Defrancei.   Payraudeau.
   lœvis.   Eichw.
   littoralis.   Risso.
   Var. *biplicata.*   Risso.
   Juv. *Graja.*   Forbes.

M. Lutescens.   *Lamarck.*
   Schrœteri.   Dillw.
   glabra.   Risso.
   media.   Id.
   inflata.   Id.
   Var. *lactea.*   Lam.
   V. *nitens.*   Blainville.

M. Groenlandica.   *Möller.*

M. Savignyi.   *Payraudeau.*
    tricolor?   Gmelin.
    pusilla.   Bivona.
    punctata.   Risso.
    granum.   Forbes.
    Sandrii.   Brusina.

M. Obsoleta.   *Bronn.*
    columbellaria.   Scacchi.
    littoralis.   Forbes.
    clandestina?   Reeve.

M. Olivoidea.   *Cantraine.*

M. Philippiana.   *Forbes.*
    An *cornea* var.?   Lam.

M. Cordieri.   *Maravigna.*

G. Ringicula. *Deshayes.*

R. Auriculata.   *Ménard.*
    buccinea.   Renier   (*Voluta*).
    ringens?   Lamarck.

G. Voluta. *Linné.*

V. Olla.   *Linné.*
    Var. *papillata.*   Schumac.   (*Cymbium*).

CYPRÆIDÆ.

G. Ovula. *Bruguière.*

    O. Adriatica.   *Sowerby.*
      virginea.   Cantraine.

    O. Carnea.   *Linné.*

    O. Spelta.   *Linné.*
      secale.   Sowerby.

G. Simnia. *Risso.*

    S. Patula.   *Pennant* (Bulla).
      aperta.   Sow. (*Ovula*).

    S. Nicæensis.   *Risso.*
      Var. *purpurea.*   Id.

G. Marginella. *Lamarck.*

    M. Secalina.   *Philippi.*
      exilis?   Gmelin.
      triticea.   Payr. non *Lam.*

    M. Miliacea.   *Lamarck.*
      siculus.   Del. Ch.
      miliaria?   Lin.

M. Minuta.   *Pfeiffer.*
    Brocchii.   Scacchi.

M. Clandestina.   *Brocchi.*
    marginata.   Bivona.   (*Volvaria*).

G. ERATO. *Risso.*

E. Lævis.   *Donovan.*
    fusiformis.   Turton   (*Voluta*).
    Donovani.   Payr.
    cypræola.   Risso.

G. PEDICULARIA. *Swainson.*

P. Sicula.   *Swainson.*
    polymorpha.   Calcara   (*Calyptræa*).
    parädoxus.   Philip.   (*Thyreus*).

G. CYPRÆA. *Linné.*

C. Lurida.   *Linné.*

C. Pyrum.   *Linné.*
    flavescens.   Born.
    cinnamomea.   Olivi.
    rufa.   Lamarck.
    pullus, *pumilis.*   Brusina   (*Voluta*).

C. Spurca.	*Sowerby*.
acicula ?	Gmel.
Var. ? *flaveola*.	Lam.
Juv. *lota*.	Born.
C. Physis.	*Brocchi*.
achatidœa.	Sowerb.
Grayi.	Kiener.

G. Trivia. *Gray*.

T. Europea.	*Montagu*.
pediculus.	Pennant.
coccinella.	Lam.
arctica.	Solander.
sulcata.	Dillw.
Norwegica.	Sars.
Var. *umbilicaris*.	Da Costa.
Juv. *diaphana*.	Montagu.
Juv. *candida*.	Mac-Gill.
T. Pulex.	*Solander*.
lacrymalis.	Menke.
triticea.	Blv.
T. Latyrus.	*Blainville*.
An *pulex* var. ?	
T. Cribellum.	*Gaskoin*.
T. Candidula.	*Gaskoin*.

CONIDÆ.

G. Conus. *Linné.*

C. Mediterraneus.	*Bruguière.*
Var. *franciscanus.*	Brug.
ignobilis.	Scacchi.

OBSERVATION.

On voit, en comptant les espèces de mollusques testacés inscrites dans le catalogue ci-dessus, que leur nombre s'élève environ à 1,150, réparties dans les mers qui baignent les côtes de l'Europe ; je dis *environ*, parce que quelques-unes de ces espèces ne sont peut-être que des variétés, tandis qu'un certain nombre de variétés pourront être élevées au rang d'espèces, quand elles seront mieux connues.

D'un autre côté, bien que ce chiffre de 1,150 soit assez considérable, on doit penser que les collecteurs n'ont pas dit leur dernier mot, et il est probable que la liste, que je donne aujourd'hui, s'étendra par la suite. Toutefois, je doute qu'il y ait encore dans les mers européennes beaucoup de coquilles ayant jusqu'à présent échappé aux investigations des conchyliologues. Quelques personnes, peu au courant de la science ou égarées par une ferveur mal entendue, ou bien encore cédant au besoin de faire parler d'elles, ont, à la vérité, dans les derniers temps, encombré la science d'espèces soi-disant nouvelles, et c'est une chose fort regrettable ; mais les hommes sérieux font facilement justice de ces travaux sans valeur qui enflent inutilement la nomenclature sans ajouter au nombre des espèces réellement existantes.

DISTRIBUTION GÉOGRAPHIQUE

On est généralement d'accord aujourd'hui sur ce point, que la connaissance de la distribution géographique des mollusques est d'un grand secours pour la détermination des espèces et pour l'étude des variétés, qui, la plupart du temps, doivent leur origine à des causes locales, telles que la latitude, l'exposition des côtes, la profondeur, l'agitation des eaux, leur composition, leur température, leur mélange avec l'eau douce, la nature des fonds, etc.

La division par zones, au nombre de sept, que j'ai adoptée dans les tableaux ci-après, m'a paru suffisante pour permettre de constater la marche que semble avoir suivie le développement de l'espèce dans nos mers, et d'apprécier d'un coup d'œil les points où paraît s'arrêter sa propagation.

C'est principalement aux auteurs anglais que l'on doit les premières observations faites méthodiquement sur la répartition des mollusques dans les différentes mers, soit qu'ils aient consigné les faits dans des faunes locales, soit qu'ils les aient fait ressortir à l'aide de tableaux spéciaux, comme on le voit dans les intéressants travaux publiés par MM. Forbes, Mac Andrew, etc.

Un assez grand nombre d'auteurs, non contents d'indiquer

l'*habitat* des mollusques, ont cru devoir donner des renseignements sur la profondeur des eaux où ils ont été trouvés, sur la nature du fond, sable, vase, etc., enfin sur la plus ou moins grande abondance des individus recueillis par les collecteurs.

En ce qui concerne la profondeur des eaux où ont été pêchées les coquilles, je ne comprends pas l'importance qu'on semble y attacher, du moins au point de vue scientifique, non plus que les conclusions qu'on prétendrait tirer de faits si dissemblables : ainsi, M. Mac Andrew, qui a mis un soin si scrupuleux à noter ces profondeurs, cite un bon nombre d'espèces qu'il a recueillies à des profondeurs variant de 2 brasses jusqu'à 80, 100 et même 180 brasses. M. Forbes, dans son Mémoire sur les mollusques de la mer Ægée, constate des anomalies semblables, anomalies qu'on ne peut, en définitive, expliquer autrement que par des causes fortuites qui ont amené le transport de certaines coquilles d'un point à un autre.

J'émettrai une opinion semblable relativement à la mention de la nature du fond, et à la rareté des individus trouvés sur le point exploré.

Les mollusques, comme tous les animaux en général, se rencontrent dans les lieux où ils trouvent des conditions convenables pour vivre et multiplier : ils doivent y être d'autant plus nombreux que les conditions dont il s'agit auront été plus favorables. Les gastéropodes, qui vivent aux dépens du règne végétal, doivent se réunir et prospérer là où croissent les plantes destinées à leur alimentation ; les espèces carnivores se rencontrent dans les lieux où abonde le genre de proie qui leur convient : des conditions analogues sont indispensables à l'existence des acéphalés, dont la subsistance consiste dans les matières organiques que les eaux tiennent en suspension. Les points où les animaux trouvent la pâture la plus facile sont bientôt couverts de l'espèce qui peut ainsi vivre dans l'abondance et avec sécurité. Telle est la loi qui régit, avant tout, la répartition et la multiplication des mollusques dans le sein des mers. La profondeur des eaux, la nature du fond, sont des incidents, selon moi, d'un ordre secondaire; les indications données à cet égard sont souvent assez inexactes, et peuvent même alors devenir des causes d'erreurs, ainsi que cela a lieu évidemment lorsqu'il s'agit de coquilles d'espèces distinctes, dépourvues de leur mollusque, que l'on rencontre fréquemment mêlées sur une plage, bien que les animaux aient eu des habitudes et un genre de vie différents.

Quant à la rareté ou à l'abondance des individus, circonstance signalée minutieusement dans quelques ouvrages de conchyliologie, ce n'est, en réalité, qu'un fait local, accidentel et sans valeur scientifique. Il n'y a que très-peu de mollusques réellement rares, si même il en existe : ils sont plus ou moins nombreux dans tel ou tel lieu, réunis parfois sur un point très-circonscrit, à côté duquel on en chercherait inutilement; il y a des saisons plus ou moins favorables pour les rencontrer : ceux-ci vivent dans le sable ou dans la vase, ceux-là sont nocturnes. Bref, on connaît encore trop peu le genre de vie des mollusques pour pouvoir se prononcer sur leur fécondité, et je suis porté à croire que la prétendue rareté de certaines espèces est souvent due à la difficulté d'arriver jusqu'à leurs retraites.

Malgré mes efforts pour compléter mes études géographico-malacologiques, je dois confesser que la zone lusitanienne laisse à désirer, et que je suis loin d'avoir signalé toutes les espèces que ces parages doivent fournir. Je le regrette vivement, car cette partie du littoral européen doit être riche en mollusques, et surtout en objets d'un grand intérêt à cause du voisinage de la côte occidentale d'Afrique. M. Mac Andrew, si recommandable pour ses recherches, est à peu près le seul qui nous ait donné de bons renseignements sur la faune dont il est question. Personne ne s'en est occupé en Portugal, contrée peu renommée jusqu'à présent pour son aptitude aux choses des sciences naturelles.

Il n'échappera à personne que mon classement, par zones, des mollusques des mers d'Europe, n'est et ne pouvait être d'une exactitude rigoureuse : il est évident qu'un certain nombre de ces animaux, compris dans une zone, peuvent se rencontrer fortuitement dans la zone voisine, où je ne les fais cependant pas figurer : je m'en suis abstenu, parce que, dans ces cas exceptionnels, j'ai considéré l'espèce comme arrivée à la limite de son domaine, et venant pour ainsi dire expirer aux abords du domaine voisin.

Enfin, diverses coquilles qui figurent dans les tableaux qui suivent comme appartenant à telle ou telle zone n'y ont pourtant été trouvées, jusqu'à présent du moins, que dans une localité plus ou moins restreinte, telles par exemple que les *Panopœa*, *Pedicularia*, *Priamus*, etc. J'ai indiqué, exceptionnellement pour ces coquilles, les points sur lesquels elles semblent localisées. Les astériques, placées dans les colonnes des tableaux, indiquent la présence du mollusque dans la région consacrée à chaque colonne.

ACEPHALA.	Zone polaire.	Z. boréale.	Z. britannique.	Z. celtique.	Z. lusitanienne.	Z. méditerranéenne.	Z. algérienne.	LOCALITÉS spéciales.
Clavagella.								
aperta. *Sow*	.	.	.	.	.	*	*	*Sicile.*
Melitensis. *Brod.*	.	.	.	.	.	*	*	
balanorum. *Scac.*	.	.	.	.	.	*	.	*Naples.*
Gastrochæna.								
dubia. *Pen.*	.	.	*	*	*	*	*	
Teredo.								
norwegica. *Speng.*	.	.	*	*	*	*	*	
navalis. *Lin.*	.	.	*	*	*	*	.	
megotara. *F. et H.*	.	*	*	.	.	.	.	
pedicellata. *Quatr.*	.	.	.	*	*	*	.	
malleolus. *Turt.*	.	.	*	*	.	.	*	
bipennata. *Turt.*	.	.	*	*	.	.	.	
Philippii. *Fisc.*	.	.	.	*	.	.	.	
Xylophaga.								
dorsalis. *Turt.*	*	*	*	*	.	*	.	
Pholas.								
dactylus. *Lin.*	.	.	*	*	*	*	*	
candida. *Lin.*	.	.	*	*	*	*	*	
parva. *Pen.*	.	.	*	*	*	*	*	
crispata. *Lin.*	.	*	*	*	.	.	.	
papyracea. *Turt.*	.	.	*	*	.	.	.	
Solen.								
siliqua. *Lin.*	.	.	*	*	*	*	*	
vagina. *Lin.*	.	.	*	*	*	*	*	
ensis. *Lin.*	*	*	*	*	*	*	*	
legumen. *Lin.*	.	.	*	*	*	*	*	

ESPÈCES.	Zone polaire.	Z. boréale.	Z. britannique.	Z. celtique.	Z. lusitanienne.	Z. méditerranéenne.	Z. algérienne.	LOCALITÉS spéciales.
Solen (*Suite*).								
pellucidus. *Penn.*	*	*	*	*	*	*	.	
tenuis. *Ph.*	.	.	.	.	.	*	*	
Schultzeanus. *Dk.*	.	.	.	.	*	.	.	*Portugal.*
Solecurtus.								
strigillatus. *Lin.*	.	.	.	.	*	*	*	
candidus. *Ren.*	.	.	*	*	*	*	*	
coarctatus. *Gmel.*	.	.	*	*	*	*	*	
multistriatus. *Phil.*	.	.	.	.	.	*	.	*Sicile.*
Saxicava.								
arctica. *Lin.*	*	*	*	*	*	.	.	
rugosa. *Lin.*	.	.	*	*	*	.	.	
Panopœa.								
glycimeris. *Born.*	.	.	.	.	*	*	.	*Sicile.*
Norwegica. *Spengl.*	*	.	.	.	.	.	.	
plicata. *Mont.*	.	.	*	.	.	.	.	
Mya.								
arenaria. *Lin.*	*	*	*	*	.	.	.	
truncata. *Lin.*	*	*	*	*	.	.	.	
Sphenia.								
Binghami. *Turt.*	.	.	*	*	*	.	*	
Thracia.								
pubescens. *Pult.*	.	.	*	*	.	*	.	
convexa. *Wood.*	*	*	*	.	.	.	.	
corbuloides. *Desh.*	.	.	.	.	.	*	*	
papyracea. *Poli.*	*	*	*	*	.	*	*	
var. *villosiuscula.*	.	.	*	.	.	.	.	

ESPÈCES.	Zone polaire.	Z. boréale.	Z. britannique.	Z. celtique.	Z. lusitanienne.	Z. méditerranéenne.	Z. algérienne.	LOCALITÉS spéciales.
Thracia (*Suite*).								
truncata. *Brw.*	.	*	*	.	.	.	.	
distorta. *Mont.*	.	*	*	*	.	*	*	
pholadomyoides. *F.*	.	.	.	.	.	*	.	
Lyonsia.								
Norwegica. *Chemn.*	*	*	*	*	*	.	.	
var. *coruscans.* *Sc.*	*	.	.	.	.	*	*	
Cochlodesma.								
prætenue. *Pult.*	*	*	*	*	.	.	.	
Pandora.								
inæquivalvis. *Lin.*	.	.	.	*	.	.	*	
obtusa. *Lam.*	.	*	*	.	.	.	.	
flexuosa. *Sow.*	.	.	.	.	.	*	*	
glacialis. *Leach.*	*	*	.	.	.	.	.	
Mactra.								
ovalis. *Say.*	*	.	.	.	.	.	.	
helvacea. *Chem.*	.	.	*	*	*	*	*	
stultorum. *Lin.*	.	.	*	*	*	*	*	
truncata. *Mont.*	.	.	*	.	.	.	.	
subtruncata. *Mont.*	.	.	*	*	*	*	*	
triangula. *Ren.*	.	.	.	.	*	*	*	
solida. *Lin.*	.	.	*	*	.	.	*	
elliptica. *Brown.*	*	*	*	*	.	.	.	
epidermia. *Desh.*	.	.	.	.	*	.	.	*Portugal.*
Lutraria.								
elliptica. *Lam.*	.	.	*	*	*	*	*	
oblonga. *Chem.*	.	.	*	*	*	*	*	

ESPÈCES.	Zone polaire.	Z. boréale.	Z. britannique.	Z. celtique.	Z. lusitanienne.	Z. méditerranéenne.	Z. algérienne.	LOCALITÉS spéciales.
Lutraria (*Suite*).								
rugosa. *Chem.* . . .	.	.	.	.	*	.	*	*Corogne.*
Corbula.								
inæquivalvis. *Mont.*	.	*	*	*	.	*	*	
mediterranea. *Cost.*	.	.	.	.	.	*	*	
ovata. *Forb.*	.	.	*	.	.	.	.	
porcina. *Lam.*	.	.	.	.	.	*	.	
reflexa. *Costa.*	.	.	.	.	.	*	.	
mactriformis. *Bion.*	.	.	.	.	.	*	..	*Sicile.*
Necæra.								
cuspidata. *Oliv.* . . .	*	*	.	.	.	*	*	
rostrata. *Spengl.* . .	.	*	.	.	.	.	.	
costellata. *Desh.* . . .	.	*	*	*	.	.	.	
arctica. *Sars.*	*	.	.	.	.	.	.	
abbreviata. *Forb.* . .	.	*	.	.	.	.	.	
obesa. *Lov.*	*	.	.	.	.	.	.	
Poromya.								
granulata. *Nyst.* . . .	*	.	*	.	.	*	.	
anatinoides. *Forb.*	.	.	.	.	.	*	.	
Lucina.								
borealis. *Lin.*	*	*	*	*	.	.	*	
spinifera. *Mont.* . .	.	*	*	*	.	*	.	
leucoma. *Turt.*	.	.	*	*	*	*	*	
divaricata. *Lin.* . . .	.	.	.	*	*	*	*	
reticulata. *Poli.* . . .	.	.	*	*	.	*	*	
digitaria. *Lin.*	.	.	.	.	*	*	.	
transversa. *Bron.* . .	.	.	.	.	.	*	.	

ESPÈCES.	Zone polaire.	Z. boréale.	Z. britannique.	Z. celtique.	Z. lusitanienne.	Z. méditerranéenne.	Z. algérienne.	LOCALITÉS spéciales.
Lucina (*Suite*).								
luteola. *Desh*.. .. .						*		
Axinus.								
flexuosus. *Mont*.. .		*	*	*		*	*	
ferruginosus. *Forb*.	*	*	*					
Sarsii. *Phil*.		*						
Ungulina.								
oblonga. *Daud*.. . .					*			
Diplodonta								
rotundata. *Mont*...			*	*		*	*	
fragilis. *Phil*.						*		
trigonula. *Bron*. . .						*		
apicalis. *Phil*. . . .				*		*		
Scacchia.								
elliptica. *Phil*. . . .						*		
ovata. *Phil*..						*		
Kellia.								
suborbicularis. *Mt*.		*	*	*	*	*		
lactea. *Brown*. . . .			*	*				
transversa. *Forbes*.						*		
Montacuta.								
bidentata. *Mont*. . .	*	*	*	*		*		
substriata. *Mont*.. .		*	*	*		*		
Adansonii. *Cantr*. .						*		*Sicile.*
ferruginosa. *Mont*.			*	*		*		
tumidula. *Jeff*. . . .			*					

ESPÈCES.	Zone polaire.	Z. boréale.	Z. britannique.	Z. celtique.	Z. lusitanienne.	Z. méditerranéenne.	Z. algérienne.	LOCALITÉS spéciales.
Bornia.								
corbuloides. *Phil.*	·	·	·	·	*	*	·	
complanata. *Phil.*	·	·	·	·	·	*	·	
Mac-Andrewi. *Fis.*	·	·	·	*	*	·	·	
Poronia.								
rubra. *Mont.*	·	*	*	*	·	·	·	
Galeomma.								
Turtoni. *Sow.*	·	·	*	*	*	*	·	
Lepton.								
squamosum. *Mont.*	·	·	*	*	*	*	·	
nitidum. *Turt.*	·	·	*	*	·	·	·	
Clarkiæ. *Clark.*	·	·	*	·	·	·	·	
sulcatulum. *Jeffr.*	·	·	*	·	·	·	·	
Ervilia.								
castanea. *Mont.*	·	·	*	·	*	·	·	
Donax.								
trunculus. *Lin.*	·	·	·	*	*	*	*	
semistriata. *Poli.*	·	·	·	*	·	·	*	
venusta. *Poli.*	·	·	·	·	*	*	*	
polita. *Poli.*	·	·	*	*	*	*	*	
Laskeyi. *Mont.*	·	*	·	·	·	·	·	
brevis. *Req.*	·	·	·	·	·	*	·	*Corse.*
Mesodesma.								
donacilla. *Lam.*	·	·	·	*	*	*	*	
Scrobicularia.								
compressa. *Pult.*	·	·	*	*	*	·	·	
Cottardi. *Payr.*	·	·	·	·	·	*	·	

ESPÈCES.	Zone polaire.	Z. boréale.	Z. britannique.	Z. celtique.	Z. lusitanienne.	Z. méditerranéenne.	Z. algérienne.	LOCALITÉS spéciales.
Syndosmya.								
prismatica. *Mont.*	*	*	*	*	*	*	.	
alba. *Wood*	*	*	*	*	*	*	.	
tenuis. *Mont.*	.	.	*	*	*	*	.	
segmentum. *Recl.*	.	.	.	*	.	*	.	
intermédia. *Thomp.*	*	*	*	*	.	*	.	
occitanica. *Recl.*	.	.	*	.	.	.	.	
rubiginosa. *Poli.*	.	.	.	.	.	*	.	
Tellina.								
crassa. *Gmel.*	.	*	*	*	*	*	*	
balaustina. *Gmel.*	.	.	*	.	.	*	*	
Balthica. *Lin.*	*	*	*	*	.	.	*	
fabula. *Lin.*	*	*	*	*	.	*	*	
planata. *Lin.*	.	.	.	.	.	*	*	
depressa. *Gmel.*	.	.	*	*	.	*	*	
nitida. *Poli.*	.	.	.	.	.	*	*	
tenuis. *Da C.*	.	*	*	*	*	*	.	
donacina. *Lin.*	.	.	*	*	.	*	*	
Lantivyi. *Payr.*	.	.	.	.	.	*	.	
distorta. *Poli.*	.	.	.	.	.	*	*	
pulchella. *Lam.*	.	.	.	.	.	*	*	
pusilla. *Phil.*	.	.	*	*	.	.	.	
Oudardii. *Payr.*	.	.	.	.	.	*	.	*Corse.*
calcarea. *Chem.*	*	.	.	.	.	.	.	
tenera. *Lin.*	*	.	.	.	.	.	.	
Costæ. *Phil.*	.	.	.	.	*	*	*	
serrata. *Broc.*	.	.	.	.	*	*	*	

ESPÈCES.	Zone polaire.	Z. boréale.	Z. britannique.	Z. celtique.	Z. Lusitanienne.	Z. méditerranéenne.	Z. algérienne.	LOCALITÉS spéciales.
Tellina (*Suite*).								
lucida. *Desh.*							*	
ovalis. *Req.*						*	*	*Corse.*
elongata. *Req.*						*		*Corse.*
bicolor. *Req.*						*		
mœsta. *Desh.*						*		
melo. *Req.*						*		
Gastrana.								
fragilis. *Lin.*		*	*	*		*	*	
Psammobia.								
vespertina. *Chem.*			*	*			*	
Ferroensis. *Chem.*	*	*	*	*	*	*	*	
tellinella. *Lam.*	*	*	*	*	*			
costulata. *Turt.*				*			*	
costata. *Hanl.*					*			
Weinkauffi. *Crosse.*							*	
Petricola.								
lithophaga. *Rtz.*			*	*	*	*		
Venerupis.								
irus. *Lin.*			*	*	*	*		
substriata. *Mont.*						*		
Lajonquairei. *Pay.*						*		
Coralliophaga.								
lithophagella. *Lam.*					*			
Guerinii. *Payr.*						*		
Tapes.								
decussata. *Lin.*			*	*	*	*	*	

ESPÈCES.	Zone polaire.	Z. boréale.	Z. britannique.	Z. celtique.	Z. lusitanienne.	Z. méditerranéenne.	Z. algérienne.	LOCALITÉS spéciales.
Tapes (*Suite*).								
pullastra. *Mont*..	*	*	*	*	*	*	.	
virginea. *Lin*....	*	*	*	*	*	*	.	
aurea. *Gmel*.....	.	.	*	*	*	*	*	
læta. *Poli*......	.	.	.	.	.	*	*	
petalina. *Lam*....	.	.	.	.	.	*	*	
nitens. *Scac*.....	.	.	.	.	.	*	*	
geographica. *Chem*.	.	.	.	.	.	*	*	
pulchella. *Lam*...	.	.	.	.	.	.	*	
picturata. *Req*....	.	.	.	.	.	*	.	
Pallei. *Req*......	.	.	.	.	.	*	.	
Cytherea.								
chione. *Lin*.....	..	.	*	*	*	*	*	
rudis. *Poli*......	.	.	.	.	*	*	*	
mediterranea. *Tib*.	.	.	.	.	.	*	.	
Venus.								
verrucosa. *Lin*....	.	.	*	*	*	*	.	
casina. *Lin*......	.	*	*	*	.	*	*	
multilamella. *Lam*.	.	.	.	.	.	*	.	
cygnus. *Lam*.....	.	.	.	.	.	*	.	*Sicile.*
effossa. *Biv*.....	.	.	.	.	.	*	.	
gallina. *Lin*.....	.	.	.	*	.	*	*	
ovata. *Penn*.....	*	*	*	*	*	*	*	
fasciata. *Donov*...	.	*	*	*	*	*	*	
var. *Philippiæ*. *Rq*.	.	.	.	.	.	*	.	
fluctuosa. *Gould*..	*	.	.	.	.	.	.	
Dianæ. *Req*.....	.	.	.	.	.	*	.	*Corse.*

ESPÈCES.	Zone polaire.	Z. boréale.	Z. britannique.	Z. celtique.	Z. lusitanienne.	Z. méditerranéenne.	Z. algérienne.	LOCALITÉS spéciales.
Artemis.								
exoleta. *Lin.*	*	*	*	*	*	*	*	
lincta. *Pult.*	*	*	*	*	*	*	*	
Lucinopsis								
undata. *Penn.*	.	*	*	*	*	.	.	
Circe.								
minima. *Mont.*	.	.	*	*	*	*	*	
Turtonia.								
minuta. *Fabr.*	.	.	*	*	.	.	.	
Cyprina.								
islandica. *Lin.*	*	*	*	.	.	.	.	
Astarte.								
borealis. *Chem.*	*	.	.	.	.	.	.	
sulcata. *Da C.*	*	*	*	.	.	*	*	
crebricosta. *Forb.*	*	*	.	.	.	.	.	
elliptica. *Jeffr.*	*	*	*	.	.	.	.	
incrassata. *Brown.*	.	.	.	.	.	*	.	
compressa. *Mont.*	*	*	.	.	.	.	.	
excentrica. *Desh.*	.	.	.	.	.	.	.	
triangularis. *Mont.*	.	.	*	*	.	.	.	
Gouldia.								
bipartita. *Phil.*	.	.	.	.	.	*	*	
Cardita.								
sulcata. *Brug.*	.	.	.	.	.	*	*	
calyculata. *Lin.*	.	.	.	.	.	*	*	
aculeata. *Poli.*	.	.	.	.	.	*	*	
trapezia. *Lin.*	.	.	.	.	*	*	*	

ESPÈCES.	Zone polaire.	Z. boréale.	Z. britannique.	Z. celtique.	Z. lusitanienne.	Z. méditerranéenne.	Z. algérienne.	LOCALITÉS spéciales.
Cardita (*Suite*).								
corbis. *Phil*.....	.	.	.	.	.	*	*	
Cardium.								
aculeatum. *Lin*...	.	.	*	*	*	*	*	
echinatum. *Lin*...	*	*	*	*	*	.	*	
erinaceum. *Brug*..	.	.	.	.	.	*	*	
paucicostatum. *Sow.*	.	.	.	*	*	*	*	
Groenlandicum. *Ch.*	*	.	.	.	.	.	.	
Islandicum. *Chem.*	*	.	.	.	.	.	.	
tuberculatum. *Lin.*	.	.	.	*	.	.	*	
hians. *Broc*.....	.	.	.	.	.	.	*	
edule. *Lin*......	*	*	*	*	*	*	*	
Norwegicum. *Spen.*	.	*	*	*	.	*	.	
oblongum. *Chem.*.	.	.	.	.	.	*	.	
papillosum. *Poli.*.	.	.	*	*	*	*	*	
exiguum. *Gmel*...	.	.	*	*	*	*	*	
fasciatum. *Mont*...	*	*	*	*	*	*	.	
nodòsum. *Turt*...	*	*	*	*	.	.	.	
minimum. *Phil*...	.	.	*	*	*	*	.	
elegantulum. *Moll.*	*	.	.	.	.	.	.	
Isocardia.								
cor. *Lin*........	.	*	*	*	.	*	*	
Chama.								
gryphoides. *Lin.*.	.	.	.	.	.	*	*	
gryphina. *Lam*....	.	.	.	.	.	*	*	
Arca.								
noæ. *Lin*.......	.	.	.	.	*	*	*	

ESPÈCES.	Zone polaire.	Z. boréale.	Z. britannique.	Z. celtique.	Z. lusitanienne.	Z. méditerranéenne.	Z. algérienne.	LOCALITÉS spéciales.
Arca (*Suite*).								
tetragona. *Poli*			*	*	*	*	*	
barbata. *Lin*						*	*	
diluvii. *Lam*						*	*	
lactea. *Lin*			*	*		*	*	
scabra. *Poli*						*		
clathrata. *Lam*						*	*	
pectunculoides. *Sc.*	*	*		*		*		
obliqua. *Phil.*						*		
Pectunculus.								
glycimeris. *Chem.*		*	*	*	*	*		
pilosus. *Lin.*			*	*		*	*	
stellatus. *Lam.*					*			
violacescens. *Lam.*					*	*	*	
v. zonalis. *Lam.*					*			Cadix.
lineatus. *Phil.*						*		
Limopsis.								
pygmæus. *Phil.*	*							
auritus. *Broc.*	*							
minutus. *Phil.*	*							
Nucula.								
nucleus. *Lin.*	*	*	*	*		*	*	
radiata. *Hanl.*			*	*	*	*		
Belloti. *A. Ad.*	*							
sulcata. *Brown.*			*	*		*	*	
nitida. *Sow.*		*	*	*		*	*	
tenuis *Mont.*	*	*	*	*				

ESPÈCES.	Zone polaire.	Z. boréale.	Z. britannique.	Z. celtique.	Z. lusitanienne.	Z. méditerranéenne.	Z. algérienne.	LOCALITÉS spéciales.
Nucula (*Suite*).								
Mac-Andrewi. *Han.*	·	·	·	·	·	*	*	
Delphinodonta. *Mig.*	*	*	·	·	·	·	·	
Yoldia.								
limatula. *Say*	*	·	·	·	·	·	·	
arctica. *Gray*	*	·	·	·	·	·	·	
thraciæformis. *Sto.*	*	·	·	·	·	·	·	
glacialis. *Gray*	*	·	·	·	·	·	·	
lucida. *Lov.*	*	*	·	·	·	·	·	
frigida. *Torel.*	*	·	·	·	·	·	·	
Leda.								
rostrata. *Chem.*	*	·	·	·	·	·	·	
caudata. *Donov.*	*	*	*	·	·	·	·	
minuta. *Fabr.*	*	*	·	·	·	·	·	
buccata. *Moll.*	*	*	·	·	·	·	·	
pella. *Lin.*	·	·	·	·	*	*	*	
commutata. *Phil.*	·	·	·	*	·	*	*	
pygmæa. *Munst.*	*	*	·	*	·	*	·	
Solemya.								
mediterranea. *Lam.*	·	·	·	·	·	*	*	
Lithodomus.								
lithophagus. *Lin.*	·	·	·	·	·	*	·	
caudigerus. *Lam.*	·	·	·	*	*	·	*	
Crenella.								
faba. *Fabr.*	*	·	·	·	·	·	·	
decussata. *Mont.*	*	*	*	·	·	·	·	
rhombea *Berk.*	·	·	*	·	·	·	·	

ESPÈCES.	Zone polaire.	Z. boréale.	Z. britannique.	Z. celtique.	Z. lusitanienne.	Z. méditerranéenne.	Z. algérienne.	LOCALITÉS spéciales.
Crenella (*Suite*).								
cupræa. *Jeffr.*	·	*	*	·	·	·	·	
Modiolaria								
discors. *Lin.*	*	*	*	*	·	·	·	
lævigata. *Gray.*	*	*	·	·	·	·	·	
nigra. *Gray.*	*	*	·	·	·	·	·	
marmorata. *Fabr.*	*	*	*	*	·	*	*	
costulata. *Riss.*	·	·	*	*	·	*	*	
Dacrydium.								
vitreum. *Moll.*	*	·	·	·	·	·	·	
Modiola.								
modiolus. *Lin.*	*	*	*	*	·	·	·	
tulipa. *Lam.*	·	·	*	*	·	*	·	
barbata. *Lin.*	·	·	*	*	·	·	*	
Petagnæ. *Scac.*	·	·	·	*	·	*	*	
vestita. *Phil.*	·	·	·	·	·	*	*	
phaseolina. *Phil.*	·	*	*	*	·	·	·	
Mytilus.								
edulis. *Lin.*	*	*	*	*	*	*	*	
var. *flavus.*	·	·	·	·	·	*	*	
galloprovincialis. *L.*	·	·	*	*	·	*	*	
Africanus. *Chem.*	·	·	·	·	·	·	*	
minimus. *Poli.*	·	·	·	*	·	*	*	
crispus. *Cantr.*	·	·	·	·	·	*	·	
Grunerianus. *Reev.*	*	·	·	·	·	·	·	*Islande.*
prasinus. *Menk.*	·	·	·	·	·	*?	·	
cylindraceus. *Req.*	·	·	·	·	·	*	·	

ESPÈCES.	Zone polaire.	Z. boréale.	Z. britannique.	Z. celtique.	Z. Lusitanienne.	Z. méditerranéenne.	Z. algérienne.	LOCALITÉS spéciales.
Pinna.								
nobilis. *Lin*	.	.	.	.	.	*	.	
rudis. *Lin*	.	.	*	*	.	*	*	
truncata. *Phil*	.	.	.	.	.	*	*	
Avicula.								
Tarentina. *Lam* . . .	.	.	*	*	.	*	*	
Lima.								
excavata. *Chem* . . .	*	*	.	.	.	.	.	
inflata. *Chem*	.	.	.	.	.	*	*	
hians. *Gmel*	*	*	*	*	.	.	*	
Loscombi. *Sow* . . .	*	*	*	*	.	*	.	
subauriculata. *Mon.*	*	*	*	*	.	*	*	
elliptica. *Jeffr*	.	*	*	.	.	.	.	
cuneata. *Forb*	.	.	.	.	.	*	.	
crassa. *Forb*	.	.	.	.	.	*	.	
squamosa. *Lam* . . .	.	.	.	.	.	*	*	
multicostata. *Sow* . .	.	.	*	.	.	.	.	
Pecten.								
maximus. *Lin*	.	.	*	*	.	*	*	
Jacobæus. *Lin*	.	.	.	.	.	*	*	
Islandicus. *Chem* . .	*	*	.	.	.	.	.	
varius. *Lin*	.	.	*	*	*	*	*	
niveus. *M.-Gil.* . . .	.	.	*	*	.	.	.	
pusio. *Lin.*	.	.	*	*	*	*	*	
opercularis. *Lin* . . .	*	*	*	*	*	*	*	
Audouini. *Payr* . . .	.	.	.	.	.	*	*	
Bruei. *Payr*	.	.	.	.	.	*	.	

ESPÈCES.	Zone polaire.	Z. boréale.	Z. britannique.	Z. celtique.	Z. lusitanienne.	Z. méditerranéenne.	Z. algérienne.	LOCALITÉS spéciales.
Pecten (*Suite*).								
pes felis. *Lin.*						*	*	
polymorphus. *Bro.*					*	*	*	
glaber. *Lin.*						*	*	
proteus. *Sol.*						*		*Adriatique.*
inflexus. *Poli.*						*		
Danicus. *Chem.*	*	*	*					
striatus. *Müll.*	*	*	*		*	*		
tigrinus. *Müll.*	*	*	*	*	*			
similis. *Lam.*	*	*	*	*		*	*	
hyalinus. *Poli.*						*	*	
Testæ. *Biv.*			*	*		*	*	
Actoni. *Mart.*						*	*	
Gemellari. *Biond.*						*		
Groenlandicus. *Sow.*	*							
imbrifer. *Lov.*	*							
fenestratus. *Fabr.*						*		
Hoskynsi. *Fabr.*						*		
dislocatus. *Say.*					*			*Portugal.*
Philippii. *Recl.*						*	*	
Spondylus.								
gæderopus. *Lin.*						*	*	
aculeatus. *Phil.*						*	*	
minimus. *Chem.*						*		
Anomia.								
ephippium. *Lin.*	*	*	*	*	*	*	*	

ESPÈCES.	Zone polaire.	Z. boréale.	Z. britannique.	Z. celtique.	Z. lusitanienne.	Z. méditerranéenne.	Z. algérienne.	LOCALITÉS spéciales.
Placunomia.								
patelliformis. *Lin.*	*	*	*	*	.	*	.	
Ostrea.	*	*	*	*	*	*	.	
edulis. *Lin.*	.	.	*	*	*	*	.	
Ruscuriana. *Lam.*	.	.	.	.	.	.	*	
angulata. *Lam.*	.	.	.	.	*	.	.	
plicata. *Chem.*	.	.	.	.	*	*	.	
cristata. *Bron.*	.	.	.	.	*	*	.	
cochlear. *Poli.*	.	.	.	*	*	*	.	
BRACHIOPODA.								
Crania.								
anomala. *Moll.*	*	*	*	.	.	.	.	
ringens. *Hœn.*	.	.	.	.	.	*	*	
rostrata. *Hœn.*	.	.	.	.	.	*	.	
Thecidea.								
mediterranea. *Ris.*	.	.	.	.	.	*	*	
Rhynchonella.								
psittacea. *Chem.*	*	.	.	.	.	.	.	
Terebratula.								
cranium. *Müll.*	*	.	.	.	.	.	.	
vitrea. *Gmel.*	.	.	.	.	.	*	*	
septigera. *Lov.*	*	.	.	.	.	.	.	
Spitzbergiensis. *D.*	*	.	.	.	.	.	.	
caput serpentis. *Li.*	*	*	*	*	.	*	.	

ESPÈCES.	Zone polaire.	Z. boréale.	Z. britannique.	Z. celtique.	Z. lusitanienne.	Z. méditerranéenne.	Z. algérienne.	LOCALITÉS spéciales.
Argiope.								
anomioides. *Scac.*	.	.	.	.	.	*	.	
truncata. *Lin.*	.	.	.	.	.	*	*	
decollata. *Phil.*	.	.	.	.	.	*	.	
cuneata. *Ris.*	.	.	.	.	.	*	.	
lunifera. *Phil.*	.	.	*	.	.	*	.	
neapolitana. *Scac.*	.	.	.	.	.	*	.	
capsula. *Jeffr.*	.	*	.	.	.	.	.	
Davidsoni. *Reev.*	.	.	.	.	.	.	*	*Tunis.*
GASTEROPODA.								
Chiton.								
fascicularis. *Lin.*	.	.	*	*	*	*	*	
discrepans. *Brown*	.	.	*	*	.	.	.	
Hanleyi. *Bean.*	*	*	*	.	.	*	.	
cancellatus. *Sow.*	.	*	*	.	*	.	.	
alveolus. *Sars.*	*	*	.	.	.	.	.	
cinereus. *Lin.*	*	*	*	*	*	.	.	
ruber. *Lowe.*	*	*	*	.	.	.	.	
marginatus. *Penn.*	.	*	*	.	.	.	.	
lævis. *Pen.*	*	*	*	*	*	.	.	
marmoreus. *Fabr.*	*	*	*	.	*	.	.	
albus. *Lin.*	*	*	*	.	.	.	.	
fulvus. *Wood.*	.	.	.	.	*	.	.	
squamosus. *Lin.*	.	.	.	.	.	*	.	
cajetanus. *Phil.*	.	.	.	*	*	*	.	

ESPÈCES.	Zone polaire.	Z. boréale.	Z. britannique.	Z. celtique.	Z. lusitanienne.	Z. méditerranéenne.	Z. algérienne.	LOCALITÉS spéciales.
Chiton (*Suite*).								
Polii. *Phil.*						*		
pulchellus. *Phil.*						*		
variegatus. *Phil.*						*		
Caprearum. *Scac.*						*		
Algesirensis. *Capel.*							*	
Meneghinii. *Capel.*						*		
scytodesma. *Scac.*						*		
stigma. *Cost.*						*		
Euplææ. *Cost.*						*		
Freelandi. *Forb.*						*		
Dentalium.								
dentalis. *Lin.*	*	*						
Tarentinum. *Lam.*	*	*	*	*				
dentalis. *Lin.*			*	*		*		
novem-costatum. *L.*				*				
rubescens. *Phil.*						*		
filum. *Sow.*						*		
Abyssorum. *Sars.*	*	*						
simile. *Biondi.*						*		
affine. *Biondi.*						*		
Dischides.								
bifissus. *S. Wood.*				*		*		
Siphonodentalium								
quinquangulare. *F.*						*		
vitreum. *Sars.*	*							
Lofotense. *Sars.*	*	*		*		*		

ESPÈCES.	Zone polaire.	Z. boréale.	Z. britannique.	Z. celtique.	Z. lusitanienne.	Z. méditerranéenne.	Z. algérienne.	LOCALITÉS spéciales
Cadulus.								
subfusiformis. *Sars.*	.	*	.	*	.	*	.	
gadus. *Sow...,*	.	.	.	.	.	*	.	
Patella.								
vulgata. *Lin.*	*	*	*	*	*	*	.	
Tarentina. *Lam.*	.	.	.	*	.	.	*	
Lusitanica. *Gmel.*	.	.	.	.	*	*	*	
ferruginea. *Gmel.*	.	.	.	.	.	*	*	
Barbara. *Lam.*	.	.	.	.	.	*	*	
Safiana. *Lam.*	.	.	.	.	.	.	*	
Acmæa.								
pellucida. *Lin.*	.	*	*	*	.	.	*	
testudinalis. *Müll.*	*	*	.	.	.	.	.	
virginea. *Müll.*	*	*	*	*	.	*	.	
Gussoni. *Costa.*	.	.	.	.	.	*	.	
Pilidium.								
fulvum. *Müll.*	*	*	*	.	.	.	.	
Propilidium.								
ancyloide. *Forb.*	.	*	*	.	.	.	.	
Lepeta.								
cœca. *Müll.*	*	*	.	.	.	.	.	
Gadinia.								
mamillaris. *Lin.*	.	.	.	.	.	*	.	
Garnoti. *Payr.*	.	.	.	.	.	*	*	
lateralis. *Req.*	.	.	.	.	.	*	.	
excentrica. *Tib.*	.	.	.	.	.	*	.	

ESPÈCES.	Zone polaire.	Z. boréale.	Z. britannique.	Z. celtique.	Z. lusitanienne.	Z. méditerranéenne.	Z. algérienne.	LOCALITÉS spéciales
Siphonaria.								
Algesiræ. *Quoy*...	.	.	.	.	*	.	*	
Umbrella.								
mediterranea. *Lam.*	.	.	.	.	.	*	*	
Tylodina.								
citrina. *Joan*....	.	.	.	.	.	*	*	
Duebenii. *Lov*....	*	.	.	.	.	.	.	
Pleurobranchus.								
plumula. *Mont*....	.	.	*	.	.	*	.	
membranaceus. *Mo.*	.	.	.	*	.	.	.	
aurantius. *Risso*...	.	.	.	.	.	*	.	
stellatus. *Risso*...	.	.	.	.	.	*	.	
Dehaanii. *Cantr*...	.	.	.	.	.	*	.	
perforatus. *Phil*...	.	.	.	.	.	*	.	
testudinarius. *Cant.*	.	.	.	.	.	*	.	
brevifrons. *Phil*...	.	.	.	.	.	*	.	
Emarginula.								
crassa. *Sow*.....	.	*	*	.	.	.	.	
reticulata. *Chem.*.	*	*	*	*	*	*	*	
solidula. *Costa*...	.	.	.	.	.	*	*	
conica. *Schum*....	.	.	*	*	.	.	.	
cancellata. *Phil*...	.	.	.	.	.	*	.	
elongata. *Costa*...	.	.	.	.	.	*	*	
Huzardi. *Payr*....	.	.	.	.	.	*	*	
Adriatica. *Costa*...	.	.	.	.	.	*	.	
Puncturella.								
noachina. *Lin*....	*	*	*	.	.	.	.	

ESPÈCES.	Zone polaire.	Z. boréale.	Z. britannique.	Z. celtique.	Z. lusitanienne.	Z. méditerranéenne.	Z. algérienne.	LOCALITÉS spéciales.
Fissurella.								
graeca. *Lin*			*	*				
neglecta. *Desh*			*	*		*		
nubecula. *Lin*						*		
gibberula. *Lam*				*	*	*	*	
Calyptraea.								
sinensis. *Lin*			*	*	*	*	*	
Crepidula.								
unguiformis. *Lin*			*	*		*	*	
Moulinsii. *Mich*						*	*	
Pileopsis.								
hungaricus. *Lam*	*	*	*	*	*	*	*	
Aplysia.								
depilans. *Lin*				*	*		*	
punctata. *Cuv*						*		
hybrida. *Sow*	*	*	*					
fasciata. *Poir*				*				
virescens. *Ris*						*		
lepus. *Phil*						*		
rosea. *Ratk*		*						
camelus. *Cuv*				*		*		
marmorata. *Blv*						*		
Poliana. *D. Ch*						*		
longicornis. *Rang*				*				
Dolabrifera.								
unguifera. *Rang*						*		
petalifera. *Rang*						*		

ESPÈCES.	Zone polaire.	Z. boréale.	Z. britannique.	Z. celtique.	Z. Lusitanienne.	Z. méditerranéenne.	Z. algérienne.	LOCALITÉS spéciales.
Lobiger.								
Philippii. *Krohn.* .	.	.	.	.	.	*	.	*Sicile.*
Lophocercus.								
Gargottæ. *Calc.* . .	.	.	.	.	.	*	.	*Sicile.*
Glauconella.								
Algira. *Hanl.*	.	.	.	.	.	.	*	
Scaphander.								
lignarius. *Lin.* . . .	.	*	*	*	*	*	*	
librarius. *Lov.* . . .	*	*	.	.	.	.	.	
vestitus. *Phil.* . . .	.	.	.	.	.	*	.	*Sicile.*
gibbulus. *Jeff.* . . .	.	.	.	.	.	*	*	
Philine.								
aperta. *Lin.*	.	*	*	*	*	*	*	
scabra. *Müll.*	*	*	*	*	*	.	.	
punctata. *Clark.* . .	.	.	*	.	.	.	*	
quadrata. *Wood.* . .	*	*	.	.	.	.	.	
pruinosa. *Mont.* . .	.	*	*	.	.	.	.	
catena. *Mont.* . . .	.	.	*	*	.	.	.	
nitida. *Jeff.*	.	.	*	.	.	.	.	
angulata. *Jeff.* . . .	.	.	*	.	.	.	.	
dactylus. *Menke.* . .	.	.	.	.	*	.	.	*Gibraltar.*
Amphisphyra.								
hyalina. *Turt.* . . .	*	*	*	.	.	.	.	
ventrosa. *Jeff.* . . .	.	.	*	.	.	.	.	
expansa. *Jeff.* . . .	.	.	*	.	.	.	.	
globosa. *Lov.* . . . . ,	*	.	.	.	.	.	.	

ESPÈCES.	Zone polaire.	Z. boréale.	Z. britannique.	Z. celtique.	Z. lusitanienne.	Z. méditerranéenne.	Z. algérienne.	LOCALITÉS spéciales.
Akera.								
bullata. *Müll.*	.	.	*	*	*	.	.	
Bulla.								
striata. *Brug.*	.	.	.	.	*	.	*	
hydatis. *Lin.*	.	.	*	*	.	*	*	
elegans. *Leach.*	.	.	*	*	.	.	.	
dilatata. *Leach.*	.	.	*	*	*	.	.	
utriculus. *Broc.*	.	.	.	.	.	.	*	
ovulata. *Broc.*	.	.	.	.	.	*	*	
alba. *Brown.*	.	.	*	.	.	.	.	
turgidula. *Forb.*	.	.	.	.	.	*	.	
cretica. *Forb.*	.	.	.	.	.	*	.	
retifer. *Forb.*	.	.	.	.	.	*	.	
Cylichna.								
cylindracea. *Pen.*	*	*	*	*	.	*	*	
umbilicata. *Mont.*	*	*	*	*	.	*	.	
strigella. *Lov.*	.	*	*	.	.	.	.	
nitidula. *Lov.*	.	*	.	.	.	.	.	
diaphana. *Arad.*	.	.	.	.	.	*	.	
mamillata. *Phil.*	.	.	*	.	.	*	.	
truncatula. *Brug.*	.	.	.	.	.	.	*	
turrita. *Moll.*	.	*	.	.	.	.	.	
fragilis. *Jeff.*	.	.	.	.	.	*	.	
cuneata. *Tiberi.*	.	.	.	.	.	*	.	
obtusa. *Mont.*	.	*	*	*	.	.	.	
pellucida. *Brown.*	.	.	*	.	.	.	.	
conulus. *Desh.*	.	.	.	.	.	*	*	

ESPÈCES.	Zone polaire.	Z. boréale.	Z. britannique.	Z. celtique.	Z. lusitanienne.	Z. méditerranéenne.	Z. algérienne.	LOCALITÉS spéciales.
Cylichna (*Suite*).								
semistriata. *Req*...						*		
Volvula.								
acuminata. *Brug*..			*	*		*		
Tornatella								
tornatilis. *Lin*....	*	*	*	*	*	*	*	
globulina. *Forb*...						*		
tenella. *Lov*.....		*						
Neritina.								
viridis. *Lin*.....						*	*	
Otina.								
otis. *Turt*.......			*	*				
Natica.								
clausa. *Brod*.....	*							
Flava. *Gould*.....	*							
Groenlandica. *Moll*.	*	*						
nana. *Moll*......	*							
Montagui. *Forb*...	*	*						
Alderi. *Forb*.....	*	*	*	*	*	*		
Guilleminii. *Payr*..						*	*	
monilifera. *Lam*...			*	*	*			
fusca. *Blv*......			*	*		*		
intricata. *Don*....					*	*	*	
olla. *M. de S* ...						*	*	
maculata. *Ulys*...						*	*	
Dillwinii. *Payr*...						*	*	
Sagraiana. *D'Orb*..					*			

ESPÈCES.	Zone polaire.	Z. boréale.	Z. britannique.	Z. celtique.	Z. lusitanienne.	Z. méditerranéenne.	Z. algérienne.	LOCALITÉS spéciales.
Natica (*Suite*).								
textilis. *Reev.*					*			
vittata. *Chem.*						*	*	
rizzæ. *Phil.*						*		
flammulata. *Req.*						*		
Amaura.								
candida. *Moll.*	*							
Amauropsis.								
Islandica. *Gmel.*	*							
cornea. *Moll.*	*							
Sigaretus.								
haliotoideus. *Phil.*						*		
Coriocella.								
perspicua. *Lin.*			*	*	*	*		
tentaculata. *Mont.*			*	*				
Groenlandica. *Moll.*	*							
latens. *Müll.*		*						
prodita. *Lov.*	*							
glacialis. *Sars.*		*						
Velutina.								
lævigata. *Lin.*	*	*	*	*				
plicatilis. *Müll.*	*	*	*					
undata. *Smith.*	*							
lanigera. *Müll.*		*						
Haliotis.								
tuberculata			*	*	*	*		

ESPÈCES.	Zone polaire.	Z. boréale.	Z. britannique.	Z. celtique.	Z. lusitanienne.	Z. méditerranéenne.	Z. algérienne.	LOCALITÉS spéciales.
Scissurella								
crispata. *Flem*....	*	*	*	*	.	.	*	
costata. *D'Orb*....	.	.	.	.	.	*	.	
lævigata. *D'Orb*...	.	.	.	.	.	*	.	
decussata. *D'Orb*..	.	.	.	.	.	*	.	
decipiens. *Cost*...	.	.	.	.	.	*	.	
cingulata. *Cost*...	.	.	.	.	.	*	.	
affinis. *Cost*.....	.	.	.	.	.	*	.	
Schismope.								
striatula. *Phil*....	.	.	.	.	.	*	*	
Cyclostrema.								
Cutleriana. *Clark*..	.	*	*	.	.	.	.	
nitens. *Phil*.....	.	.	*	*	.	*	.	
serpuloides. *Mont*..	.	.	*	*	.	*	.	
costulata. *Moll*...	.	*	.	.	.	.	.	
exilissima. *Phil*...	.	.	.	.	.	*	.	
costellata. *Cost*...	.	.	.	.	.	*	.	
striata. *Phil*.....	.	.	.	*	.	*	.	
Delphinula.								
calcarata........	.	.	.	.	.	*	.	
Margarita.								
occidentalis. *Migh*.	*	*	.	.	.	.	.	
Groenlandica. *Chem*.	*	.	.	.	.	.	.	
argentata. *Gould*..	*	.	.	.	.	.	.	
cinerea. *Gould*....	*	*	.	.	.	.	.	
helicina. *Fabr*....	*	*	.	.	.	.	.	
plicata. *Sars*.....	*	*	.	.	.	.	.	

ESPÈCES.	Zone polaire.	Z. boréale.	Z. britannique.	Z. celtique.	Z. lusitanienne.	Z. méditerranéenne.	Z. algérienne.	LOCALITÉS spéciales.
Margarita (*Suite*).								
acuminata. *Sow*...	.	*	.	.	.	.	.	
amabilis. *Jeff*....	.	*	*	.	.	.	.	
Trochus.								
granulatus. *Born*..	.	.	*	*	.	*	*	
zizyphinus. *Lin*...	.	*	*	*	*	.	*	
conulus. *Lin*.....	.	.	.	.	.	*	*	
millegranus. *Phil*..	.	*	*	*	.	*	.	
exasperatus. *Penn*.	.	.	*	*	.	*	*	
unidentatus. *Phil*..	.	.	.	.	.	*	.	
striatus. *Lin*.....	.	.	*	*	*	*	*	
Gravesi. *Forb*....	.	.	.	.	.	*	.	
Montagui. *Wood*..	.	.	*	*	*	*	*	
tessellatus. *Chem*..	.	.	.	*	.	*	*	
fragaroïdes. *Lam*..	.	.	.	*	.	*	*	
margaritaceus. *Ris*	.	.	.	..	.	*	.	
umbilicaris. *Lin*...	.	.	*	*	.	*	*	
varius. *Gmel*.....	.	.	.	.	.	*	*	
villicus. *Phil*.....	.	.	.	.	.	*	*	
canaliculatus. *Lam*.	.	.	.	.	*	*	.	
cruciatus. *Gmel*...	.	.	.	.	.	*	*	
glomus. *Phil*.....	.	.	.	.	.	*	.	
Jussieui. *Payr*....	.	.	.	.	.	*	*	
cinerarius. *Lin*...	*	*	*	*	.	.	.	
divaricatus. *Lin*...	.	.	.	.	.	*	*	
magulus. *Desh*....	.	.	.	.	.	*	.	
Spratti. *Forb*....	.	.	.	.	.	*	.	*Arch. grec.*

ESPÈCES.	Zone polaire.	Z. boréale.	Z. britannique.	Z. celtique.	Z. lusitanienne.	Z. méditerranéenne.	Z. algérienne.	LOCALITÉS spéciales.
Trochus (*Suite*).								
Adriaticus. *Phil*...	.	.	.	.	.	*	.	
pumilio. *Phil*...	.	.	.	.	.	*	.	
Adansonii. *Phil*...	.	.	.	.	.	*	*	
turbinoides. *Desh*..	.	.	.	.	.	*	*	
nebulosus. *Phil*...	.	.	.	.	.	*	*	
tumidus. *Mont*....	*	*	*	*	.	*	*	
leucophæus. *Phil*..	.	.	.	.	.	*	*	
Guttadauri. *Phil*...	.	.	.	.	.	*	.	
corallinus. *Lin*...	.	.	.	.	.	*	*	
sanguineus. *Lin*...	.	.	.	.	.	*	.	
Tinei. *Calc*......	.	.	.	.	.	*	.	
magus. *Lin*......	.	.	*	*	.	*	*	
fanulum. *Gmel*....	.	.	.	.	.	*	.	
pygmæus. *Phil*...	.	.	.	.	.	*	.	
Lyciacus. *Forb*...	.	.	.	.	.	*	.	
pallidus. *Forb* ...	.	.	.	.	.	*	.	
Turbo.								
rugosus. *Lin*.....	.	.	.	*	.	*	*	
Phasianella.								
pullus. *Lin*......	.	.	*	*	*	*	*	
speciosa. *Mhf*....	.	.	.	.	.	*	.	
intermedia. *Scac*..	.	.	.	.	.	*	.	
tenuis. *Mich*.....	.	.	.	.	.	*	.	
pulchella. *Recl*....	.	.	.	.	.	*	.	
Adeorbis.								
subcarinata. *Mont*.	*	*	*	*	.	*	.	

ESPÈCES.	Zone polaire.	Z. boréale.	Z. britannique.	Z. celtique.	Z. lusitanienne.	Z. méditerranéenne.	Z. algérienne.	LOCALITÉS spéciales.
Adeorbis (*Suite*).								
costata. *Brus.*						*		
Solarium.								
pseudoperspectivum.						*		
fallaciosum. *Tib.*						*		
siculum. *Cantr.*						*		
discus. *Phil.*						*		
Gyriscus.								
Jeffreysianus. *Tib.*						*		
Bifrontia.								
zanclæa. *Phil.*						*		
Littorina.								
littoralis. *Lin.*	*	*	*	*				
littorea. *Lin.*	*	*	*	*				
rudis. *Mat.*	*	*	*	*				
saxatilis. *John.*	*	*	*	*				
neritoides. *Lin.*			*	*	*	*		
miliaris. *Quoy.*				*				
syriaca. *Phil.*						*		
punctata. *Gmel.*					*	*		
limata. *Lov.*		*						
glabrata. *Pfeiff.*						*		
Lacuna.								
divaricata. *Fab.*	*	*	*					
solidula. *Lov.*	*							
frigida. *Lov.*	*							
albella. *Lov.*	*							

ESPÈCES.	Zone polaire.	Z. boréale.	Z. britannique.	Z. celtique.	Z. Lusitanienne.	Z. méditerranéenne.	Z. algérienne.	LOCALITÉS spéciales.
Lacuna (*Suite*).								
crassior. *Mont*....	.	*	*	.	.	.	.	
pallidula. *Da C*...	*	*	*	*	.	.	.	
puteolus. *Turt*....	.	.	*	*	*	.	.	
Fossarus.								
ambiguus. *Lin*....	.	.	.	.	.	*	.	
costatus. *Broc*....	.	.	.	.	.	*	.	
clathratus. *Phil*...	.	.	.	.	.	*	.	
Petitianus. *Tib*...	.	.	.	.	.	*	.	
Vermetus.								
arenarius. *Lin*....	.	.	.	.	.	*	*	
triqueter. *Biv*....	.	.	.	.	.	*	*	
semisurrectus. *Biv*.	.	.	.	.	.	*	*	
subcancellatus. *Biv*.	.	.	.	.	.	*	*	
infundibulum. *Lin*.	.	.	.	.	.	*	.	
glomeratus. *Biv*...	.	.	.	.	.	*	*	
echinatus. *Lin*....	.	.	.	.	.	*	.	
discus. *Req*.....	.	.	.	.	.	*	.	
tricuspidatus. *Sow*.	.	.	.	.	.	*	.	
corneus. *Forb*....	.	.	.	.	.	*	.	
Siliquaria.								
anguina. *Lin*.....	.	.	.	.	.	*	.	*Sicile.*
Cæcum.								
trachæa. *Mont*....	.	.	*	*	.	*	.	
glabrum. *Mont*....	.	.	*	*	.	*	.	
obsoletum. *Carp*..	.	.	.	.	.	*	.	*Arch. grec.*

ESPÈCES.	Zone polaire.	Z. boréale.	Z. britannique.	Z. celtique.	Z. lusitanienne.	Z. méditerranéenne.	Z. algérienne.	LOCALITÉS spéciales.
Scalaria.								
communis. *Lin.*	.	.	*	*	.	*	*	
Turtonæ. *Turt.*	..	.	*	*	*	*	*	
lamellosa. *Lam.*	.	.	.	*	.	*	.	
eburnea. *Mich.*	.	.	.	.	.	*	.	
soluta. *Tib.*	.	.	.	.	..	*	.	
clathratula. *Adams.*	.	.	*	*	.	*	*	
Trevelyana. *Leach.*	.	.	*	*	.	.	.	
Algeriana. *Weink.*	.	.	.	.	.	.	*	
Groenlandica. *Chem.*	*	*	.	.	.	.	.	
Loveni. *Adams.*	*	*	.	.	.	.	.	
Eschrichti. *Moll.*	*	.	.	.	.	.	.	
crenata. *Lin.*	.	.	.	*	.	*	*	
Hellenica. *Forb.*	.	.	.	.	.	*	.	
foliacea. *Sow.*	.	.	.	.	.	*	.	
Cantrainei. *Weink.*	.	.	.	.	.	.	*	
Mesalia.								
brevialis. *Lam.*	.	.	.	.	*	*	.	
subdecussata. *Cant.*	..	.	.	*	*	*	.	
Turritella.								
ungulina. *Lin.*	*	*	*	*	*	*	*	
triplicata. *Broc.*	.	.	.	.	*	*	.	
bicingulata. *Lam.*	.	.	.	.	*	.	.	*Tavira.*
erosa. *Couth.*	*	*	.	.	.	.	.	
lactea. *Moll.*	*	*	.	.	.	.	.	
suturalis. *Forb.*	.	.	.	.	.	*	.	
pusilla. *Jeffr.*	.	.	.	.	.	*	.	

ESPÈCES.	Zone polaire.	Z. boréale.	Z. britannique.	Z. celtique.	Z. lusitanienne.	Z. méditerranéenne.	Z. algérienne.	LOCALITÉS spéciales.
Mathilda.								
quadricarinata. *Br.*						*		
Truncatella.								
truncatula. *Drap.*			*	*		*	*	
minuta. *Req.*						*	*	
Assiminea.								
Grayana. *Flem.*			*					
littorina. *D. C.*			*			*		
Skenea.								
planorbis. *Fabr.*	*	*	*	*		*		
Homalogyra.								
atomus. *Phil.*			*			*		
rota. *F. et H.*			*			*		
Rissoa.								
auriscalpium. *Lin.*						*	*	
oblonga. *Desm.*						*	*	
elata. *Phil.*						*	*	
venusta. *Phil.*						*		
monodonta. *Biv.*					*	*	*	
membranacea. *Ad.*			*	*		*		
grossa. *Mich.*						*		
octona. *Sars.*		*						
cornea. *Lov.*		*						
Sarsii. *Lov.*		*	*					
parva. *Da C.*	*	*	*	*	*	*	*	
interrupta. *Ad.*	*		*	*	*			
pulchella. *Phil.*						*		

ESPÈCES.	Zone polaire.	Z. boréale.	Z. britannique.	Z. celtique.	Z. lusitanienne.	Z. méditerranéenne.	Z. algérienne.	LOCALITÉS spéciales.
Rissoa (*Suite*).								
dolium. *Nyst*						*		
inconspicua. *Ald*				*				
Ehrenbergi. *Phil.*						*	*	
simplex. *Phil.*						*		
lineolata. *Mich.*						*		
radiata. *Phil.*						*		
marginata. *Mich.*						*		
similis. *Scac.*						*		
subcostulata. *Sch.*						*		
decorata. *Phil.*						*		
Guerinii. *Recl.*				*		*		
variabilis. *Mühl.*						*	*	
ventricosa. *Desm.*						*	*	
splendida. *Eichw.*						*		
lilacina. *Recl.*				*				
violacea. *Desm.*				*	*	*	*	
rufilabrum. *Leach.*			*	*				
scalariformis. *Req.*						*		
Alvaniæ.								
calathiscus. *Lask.*					*	*	*	
Montagui. *Payr.*					*	*	*	
crenulata. *Mich.*			*	*	*	*	*	
lactea. *Mich.*				*	*	*		
abyssicola. *F. et H.*		*						
Jeffreysii. *Wall.*	*	*	*					
zetlandica. *Mont.*			*					

ESPÈCES.	Zone polaire.	Z. boréale.	Z. britannique.	Z. celtique.	Z. lusitanienne.	Z. méditerranéenne.	Z. algérienne.	LOCALITÉS spéciales.
Rissoa (*Suite*).								
reticulata. *Mont.*..	·	·	*	·	·	·	·	
calathus. *F. et H.*..	·	·	*	·	*	·	·	
labiata. *Phil.*....	·	·	*	*	·	*	·	
trochlea. *Mich.*....	·	·	·	·	·	*	·	
cingulata. *Phil.*...	·	·	·	·	·	*	·	
tenera. *Phil.*.....	·	·	·	·	·	*	·	
scabra. *Phil.*....	·	·	·	·	·	*	·	
sculpta. *Phil.*....	·	·	·	·	·	*	·	
costata. *Adams.*...	·	·	*	·	·	·	·	
Philippiana. *Jeffr.*.	·	·	*	*	·	*	·	
aspera. *Phil.*.....	·	·	*	·	*	*	·	
punctura. *Mont.*...	·	·	*	·	·	*	·	
dyctyophora. *Phil.*..	·	·	·	·	·	*	·	
Weinkauffi. *Schw.*.	·	·	·	·	·	·	*	
tessellata. *Schw.*...	·	·	·	·	·	·	*	
scabriuscula. *Req.*.	·	·	·	·	·	*	·	
melanostoma. *Req.*	·	·	·	·	·	*	·	
granulata. *Req.*...	·	·	·	·	·	*	·	
Cingulæ.								
cingillus. *Mont.*...	·	*	*	*	*	*	·	
fulgida. *Ad.*.....	·	·	*	*	·	*	·	
pulcherrima. *Jeffr.*	·	·	*	·	·	*	·	
proxima. *Ald.*....	·	·	·	·	·	*	·	
soluta. *Phil.*.....	·	·	*	·	·	*	·	
paludinoides. *Calc.*	·	·	·	·	·	*	·	
contorta. *Jeffr.*....	·	·	·	·	·	*	·	

ESPÈCES.	Zone polaire.	Z. boréale.	Z. britannique.	Z. celtique.	Z. lusitanienne.	Z. méditerranéenne.	Z. algérienne.	LOCALITÉS spéciales.
Rissoa (*Suite*)..								
striata. *Mont*.....	*	*	*	.	.	*	.	
semistriata. *Mont*..	.	.	*	*	.	.	.	
glabrata. *Mülhf*...	.	.	.	.	.	*	.	
globulus. *Moll*....	.	*	.	.	.	.	.	
vitrea. *Mont*.....	.	.	*	.	*	.	.	
cossuræ. *Calc*....	.	.	.	.	.	*	.	
Barleeia.								
rubra. *Ad*......	.	*	*	.	.	*	.	
Hydrobiæ.								
ulvæ. *Linn*......	*	*	*	*	*	*	.	
ventrosa. *Mont*...	.	.	.	*	.	*	.	
Rissoina.								
Bruguierei. *Payr*..	.	.	.	.	.	*	*	
decussata. *Mont*...	.	.	.	.	.	*	.	
Jeffreysia.								
diaphana. *Ald*....	.	.	*	.	.	*	.	
opalina. *Jeffr*....	.	.	*	.	.	.	.	
globulalis. *Jeffr*..	.	.	*	.	.	.	.	
cylindrica. *Jeffr*...	.	.	.	.	.	*	.	
eburnea. *Stimps*...	.	*	.	.	.	.	.	
Odostomia.								
conoidea. *Broc*...	.	.	*	*	*	*	*	
pallida. *Mont*....	.	.	*	*	.	*	.	
unidentata. *Mont*..	.	.	*	*	*	*	*	
conspicua. *Ald*...	.	.	*	*	*	*	.	
rissoides. *Hanl*...	.	.	*	*	.	*	*	

ESPÈCES.	Zone polaire.	Z. boréale.	Z. britannique.	Z. celtique.	Z. lusitanienne.	Z. méditerranéenne.	Z. algérienne.	LOCALITÉS spéciales.
Odostomia (*Suite*).								
Lukisii. *Jeffr.*	·	·	*	·	·	·	·	
plicata. *Mont.*	*	*	*	*	·	*	*	
obliqua. *Ald.*	·	·	*	*	·	*	·	
nivosa. *Mont.*	·	·	*	·	·	·	·	
turrita. *Hanl.*	·	·	*	*	·	*	·	
insculpta. *Mont.*	·	·	*	*	·	·	*	
acuta. *Jeffr.*	·	*	*	*	·	*	·	
umbilicaris. *Malm.*	*	*	*	·	·	·	·	
decussata. *Mont.*	·	·	*	*	·	·	·	
neglecta. *Tiberi.*	·	·	·	·	·	*	·	
truncatula. *Jeffr.*	·	·	*	·	·	·	·	
albella. *Lov.*	·	*	*	·	·	·	·	
dolioliformis. *Jeffr.*	·	·	*	*	·	*	·	
tricincta. *Jeffr.*	·	·	·	·	·	*	*	
fasciata. *Forb.*	·	·	·	·	·	*	·	
spiralis. *Mont.*	·	*	*	*	·	*	·	
minima. *Jeffr.*	·	·	·	·	·	*	·	
eximia. *Jeffr.*	·	*	*	·	·	·	·	
excavata. *Phil.*	·	·	*	·	·	*	*	
Moulinsiana. *Fisch.*	·	·	·	*	·	·	·	
Aclis.								
ascaris. *Turt.*	·	·	*	*	*	*	·	
supranitida. *S. Wo.*	·	*	*	*	*	*	·	
nitidissima. *Mont.*	·	·	·	*	·	·	·	
unica. *Mont.*	·	·	·	*	·	·	·	
Walleri. *Jeffr.*	·	*	·	·	·	·	·	

ESPÈCES.	Zone polaire.	Z. boréale.	Z. britannique.	Z. celtique.	Z. lusitanienne.	Z. méditerranéenne.	Z. algérienne.	LOCALITÉS spéciales.
Aclis (*Suite*).								
Gulsonæ. *Clark*	·	*	*	·	*	·	·	
Menestho.								
albulus. *Fabr*	*	·	·	·	·	·	·	
Humboldtii. *Risso*	·	·	·	·	·	*	*	
Chemnitzia.								
pallida. *Phil*	·	·	·	·	·	*	*	
rufa. *Phil*	·	·	*	*	*	*	*	
formosa. *F. et H*	·	·	*	·	*	·	·	
lactea. *Lin*	·	·	*	·	*	·	*	
pusilla. *Phil*	·	·	*	*	·	*	*	
gracilis. *Phil*	·	·	·	·	·	*	*	
fenestrata. *F. et H*	·	·	*	*	*	·	*	
scalaris. *Phil*	·	*	*	·	*	·	*	
densecostata. *Phil*	·	·	·	·	·	*	*	
obliquata. *Phil*	·	·	·	·	·	*	·	
interstincta. *Mont*	·	*	*	*	·	*	·	
terebellum. *Phil*	·	·	·	·	·	·	·	
indistincta. *Mont*	·	·	*	*	·	*	·	
clathrata. *Jeffr*	·	·	*	·	·	*	·	
Eulimella.								
Scillæ. *Scac*	·	*	*	*	·	*	·	
acicula. *Phil*	·	*	*	*	·	*	*	
affinis. *Phil*	*	*	*	·	·	·	·	
striatula. *Jeffr*	·	·	·	·	·	*	·	
clavula. *Lov*	·	*	*	*	·	·	·	

ESPÈCES.	Zone polaire.	Z. boréale.	Z. britannique.	Z. celtique.	Z. Lusitanienne.	Z. méditerranéenne.	Z. algérienne.	LOCALITÉS spéciales.
Eulima.								
polita. *Lin.*	*	*	*	*	.	*	*	
sinuosa. *Scac.*	.	.	*	.	.	*	.	
nitida. *Lam.*	.	.	.	.	.	*	*	
distorta. *Desh.*	.	.	*	.	.	*	*	
subulata. *Don.*	.	.	*	*	*	*	*	
stenostoma. *Jeffr.*	.	*	*	.	.	.	.	
bilineata. *Ald.*	*	*	*	.	.	.	.	
cingulata. *Req.*	.	.	.	.	.	*	.	
brevis. *Req.*	.	.	.	.	.	*	.	
Stylifer.								
Turtoni. *Brod.*	.	*	*	.	.	.	.	
Cerithium.								
vulgatum. *Brug.*	.	.	.	.	*	*	*	
rupestre. *Risso.*	.	.	.	.	.	*	*	
mammillatum. *Riss.*	.	.	.	.	.	*	.	
lacteum. *Phil.*	.	.	.	.	.	*	.	
Algerianum. *Sow.*	.	.	.	.	.	.	*	
Triforis.								
perversa. *Lin.*	.	.	*	*	*	*	*	
Mac-Andrei. *A. Ad.*	.	.	.	.	*	.	.	
Cerithiopsis.								
scaber. *Oliv.*	.	.	*	*	*	*	*	
tubercularis. *Mont.*	.	*	*	*	.	*	*	
Metaxa. *D. Ch.*	.	.	.	.	.	*	.	
Crosseanum. *Tib.*	.	.	.	.	.	*	*	
metula. *Lov.*	*	*	.	.	.	.	.	

ESPÈCES.	Zone polaire.	Z. boréale.	Z. britannique.	Z. celtique.	Z. lusitanienne.	Z. méditerranéenne.	Z. algérienne.	LOCALITÉS spéciales.
Cerithiopsis (*Suite*).								
pulchellus. *Jeffr.*	.	.	*	.	.	.	.	
trilineatus. *Phil.*	.	.	.	.	.	*	*	
Barleei. *Jeffr.*	.	.	*	.	.	.	.	
costulatus. *Moll.*	*	*	.	.	.	.	.	
neglecta. *G. B. Ad.*	.	.	.	.	.	.	*	*Alger* (Hanley).
Pleurotoma.								
Mangelia.								
Bertrandi. *Payr.*	.	.	.	*	.	*	*	
septangulare. *Mon.*	.	.	*	*	.	*	.	
var. secalinum. *Ph.*	.	.	.	.	.	*	*	
Vauquelini. *Payr.*	.	.	.	*	.	*	*	
rugulosum. *Phil.*	.	.	.	.	.	*	*	
albidum. *Desh.*	.	.	.	.	.	*	.	
tæniatum. *Desh.*	.	.	.	.	.	*	*	
cærulans. *Phil.*	.	.	.	.	.	*	*	
multilineatum. *Des.*	.	.	.	.	.	*	.	
brachystoma. *Phil.*	.	.	*	*	.	*	*	
costulatum. *Ris.*	.	.	.	.	.	*	.	
abyssicola. *Forb.*	.	.	.	.	.	*	.	
Loveniana. *Forb.*	.	.	.	.	.	*	.	
nanum. *Scac.*	.	.	.	.	.	*	*	
pusillum. *Scac.*	.	.	.	.	.	*	*	
granum. *Phil.*	.	.	.	.	.	*	.	
striolatum. *Phil.*	.	.	*	*	*	*	*	
nebula. *Mont.*	.	*	*	.	.	*	*	
Ginnaniana. Phil.	.	.	.	.	.	*	.	

ESPÈCES.	Zone polaire.	Z. boréale.	Z. britannique.	Z. celtique.	Z. lusitanienne.	Z. méditerranéenne.	Z. algérienne.	LOCALITÉS spéciales.
Pleurotoma (*Suite*).								
attenuatum. *Mont.*	.	.	*	*	*	*	*	
lævigatum. *Phil.* . .	.	.	.	*	.	*	.	
fusiforme. *Req*. . . .	.	.	.	.	.	*	.	
Defrancia.								
gracile. *Mont.* . . .	.	.	*	*	.	*	*	
reticulatum. *Ren.* . .	.	.	*	*	.	*	*	
Leufroyi. *Mich.*. . .	.	.	.	.	.	*	*	
lineare. *Mont.*. . . .	.	.	*	*	.	*	*	
purpureum. *Mont.* . .	.	.	*	*	.	*	*	
Var. *Philberti.* Mic.	.	.	.	*	v	*	*	
multiplicatum. *For.*	.	.	.	.	.	*	.	
Laviæ. *Phil.* . . .	.	.	.	.	.	*	.	
Pleurotoma.								
crispatum. *Crist* . .	.	.	.	.	.	*	*	
elegans. *Scac.* . . .	.	.	.	.	*	*	*	
Lyciaca. *Forb.* . . .	.	.	.	.	.	*	.	
fortis. *Forb.*	.	.	.	.	.	*	.	
minuta. *Forb.* . . .	.	.	.	.	.	*	.	
volutella. *Kien.* . . .	.	.	.	.	.	*	.	
hystrix. *Bellard.* . .	.	.	.	.	.	*	.	
undatiruga. *Biv.* . .	.	.	.	.	*	*	*	
nuperrimum. *Tib.* .	.	.	.	*	.	*	.	
boreale. *Lov.*	*	.	.	.	.	*	.	
carinatum. *Biv.* . .	*	.	.	.	.	.	.	
nivale. *Lov.*	*	.	.	.	.	.	.	

ESPÈCES.	Zone polaire.	Z. boréale.	Z. britannique.	Z. celtique.	Z. lusitanienne.	Z. méditerranéenne.	Z. algérienne.	LOCALITÉS spéciales.
Bela.								
pyramidalis. *Str.*	*	·	·	·	·	·	·	
rufa. *Mont.*	*	*	*	*	·	·	·	
Trevelyana. *Turt.*	*	·	*	·	·	·	·	
turricula. *Mont.*	·	*	*	·	·	·	·	
demersa. *Tib.*	·	·	·	·	·	*	·	
Pingelii. *Moll.*	*	·	·	·	·	·	·	
Vahlii. *Moll.*	*	·	·	·	·	·	·	
cinerea. *Moll.*	*	·	·	·	·	·	·	
elegans. *Moll.*	*	·	·	·	·	·	·	
cylindracea. *Moll.*	*	·	·	·	·	·	·	
livida. *Moll.*	*	·	·	·	·	·	·	
Holbollii. *Moll.*	*	·	·	·	·	·	·	
nana. *Lov.*	*	·	·	·	·	·	·	
Priamus.								
stercus pulicum. *C.*	·	·	·	·	*	·	·	*Cadix.*
Chenopus								
pes-pelicani. *Lin.*	*	*	*	*	·	*	·	
Serresianus. *Mich.*	·	·	·	·	·	*	·	
Mac-Andreæ. *Jeffr.*	·	*	·	·	·	·	·	
Phorus.								
mediterraneus. *Tib.*	·	·	·	·	·	*	*	
Trichotropis.								
borealis. *Brod.*	*	*	·	·	·	·	·	
conicus. *Moll.*	*	·	·	·	·	·	·	
Kroyeri. *Phil.*	*	·	·	·	·	·	·	
dolium. *Petit.*	*	·	·	·	·	·	·	

ESPÈCES.	Zone polaire.	Z. boréale.	Z. britannique.	Z. celtique.	Z. lusitanienne.	Z. méditerranéenne.	Z. algérienne.	LOCALITÉS spéciales.
Cancellaria.								
cancellata. *Lin*...	.	.	.	.	.	*	*	
Torellia.								
vestita. *Jeffr*.....	.	*	.	.	.	.	.	
Admete.								
viridula. *Fabr*....	*	*	.	.	.	.	.	
crispa. *Moll*....	*	*	.	.	.	.	.	
Purpura.								
lapillus. *Lin*.....	*	*	*	*	*	.	.	
hæmastoma. *Gmel*..	.	.	.	*	*	*	*	
nux. *Reeve*......	.	.	.	.	.	.	*	
Fasciolaria.								
lignaria.........	.	.	.	.	.	*	*	
Fusus.								
islandicus. *Chemn*..	*	.	.	.	.	.	.	
Holbollii. *Moll*....	*	.	.	.	.	.	.	
gracilis. *Da C*....	*	*	*	*	.	.	.	
propinquus. *Ald*..	.	*	*	.	.	.	.	
Jeffreysianus. *Fisch*.	.	.	*	*	.	.	.	
Ebur. *Morch*.....	*	.	.	.	.	.	.	
lachesis. *Morch*...	*	.	.	.	.	.	.	
antiquus. *L*.....	*	*	*	*	.	.	.	
despectus. *Fabr*...	*	.	.	.	.	.	.	
borealis. *Phil*....	*	.	.	.	.	.	.	
spitzbergiensis. *Re*.	*	.	.	.	.	.	.	
Berniciensis. *King*.	.	*	.	.	.	.	.	
Kroyeri. *Moll*....	*	*	.	.	.	.	.	

ESPÈCES.	Zone polaire.	Z. boréale.	Z. britannique.	Z. celtique.	Z. lusitanienne.	Z. méditerranéenne.	Z. algérienne.	LOCALITÉS spéciales.
Fusus (*Suite*).								
Turtoni. *Bean*		*	*					
Norwegicus. *Chem.*	*	*						
contrarius. *Lam.*					*			
fenestratus. *Turt.*		*						
corneus. *Lin.*							*	
syracusanus. *Lam.*						*	*	
rostratus. *Oliv.*						*	*	
longurio. *Weink.*						*	*	
pulchellus. *Phil.*						*	*	
vaginatus. *Phil.*						*		
scaber. *Lam.*						*	*	
lamellosus. *Phil.*						*	*	
squamulosus. *Phil.*						*		
distinctus. *C. et J.*						*		
brevis. *Blv.*						*		
fasciolaroides. *Forb.*						*		
Karamanensis. *Forb.*						*		
Trophon.								
craticulatus. *Fabr.*	*	*						
clathratus. *Moll.*	*	*						
Gunneri. *Lov.*	*							
latericeus. *Moll.*	*							
Baivicensis. *Jonst.*	*							
muricatus. *Mont.*			*	*	*	*		
Buccinopsis.								
ovum. *Turt.*		*	*					

ESPÈCES.	Zone polaire.	Z. boréale.	Z. britannique.	Z. celtique.	Z. lusitanienne.	Z. méditerranéenne.	Z. algérienne.	LOCALITÉS spéciales.
Buccinopsis (*Suite*).								
Dalei. *Sow*	.	*	*	.	.	.	.	
Tritonium.								
undatum. *Lin.*	*	*	*	*	.	.	.	
ciliatum. *Fabr.*	*	*	.	.	.	.	.	
scalariforme. *Moll.*	*	*	.	.	.	.	.	
deforme. *Reeve*	*	.	.	.	.	.	.	Spitzberg.
glaciale. *Lin.*	*	.	.	.	.	.	.	
Humphreysianum. *B.*	.	.	*	.	.	.	.	
fusiforme. *Kien.*	.	.	.	.	.	*	.	
Murex.								
brandaris. *Lin.*	.	.	.	.	*	*	*	
trunculus. *Lin.*	.	.	.	.	*	*	*	
erinaceus. *Lin.*	.	*	*	*	*	*	*	
var. *Tarentinus. La.*	.	.	.	.	.	*	.	
distinctus. *Crist.*	.	.	.	.	.	*	.	
cristatus. *Broc.*	.	.	.	.	.	*	*	
corallinus. *Scac.*	.	.	*	*	*	*	*	
Hellerianus. *Brus.*	.	.	.	.	.	*	.	
rudis. *Philip.*	.	.	.	.	.	*	.	
Edwardsi. *Payr.*	.	.	.	.	*	*	*	
Typhis.								
fistulosus. *Sow*	.	.	.	.	.	*	*	
Latiaxis.								
Babelis. *Req.*	.	.	.	.	.	*	*	
tectum sinense. *D.*	.	.	.	.	.	.	*	
laceratus. *Desh.*	.	.	.	.	.	.	*	

ESPÈCES.	Zone polaire.	Z. boréale.	Z. britannique.	Z. celtique.	Z. lusitanienne.	Z. méditerranéenne.	Z. algérienne.	LOCALITÉS spéciales.
Ranella.								
reticularis. *Lin.*					*	*	*	
Triton.								
nodiferum. *Lam.*				*	*	*	*	
variegatum. *Phil.*						*		
olearium. *Lin.*					*	*	*	
corrugatum. *Lam.*				*	*	*	*	
cutaceum. *Lin.*				*	*	*	*	
scrobiculator. *Lin.*						*	*	
mediterraneum. *S.*						*	*	
Cassidaria.								
echinophora. *Lin.*						*	*	
Thyrrena. *Lin.*				*		*	*	
Cassis.								
sulcosa. *Brug.*						*	*	
saburon. *Lam.*				*	*	*	*	
Dolium.								
galea. *Lin.*						*	*	
Pollia.								
pusio. *Lin.*						*	*	
Pisania.								
D'Orbignyi. *Payr.*						*	*	
leucozona. *Phil.*						*		
picta. *Scac.*						*		
Lachesis.								
minima.			*	*	*	*		
mamillata. *Risso.*						*		

ESPÈCES.	Zone polaire.	Z. boréale.	Z. britannique.	Z. celtique.	Z. lusitanienne.	Z. méditerranéenne.	Z. algérienne.	LOCALITÉS spéciales.
Nesæa.								
candidissima. *Phil.*	.	.	.	.	.	*	*	
pellis-phocæ. *Reev.*	.	.	.	.	.	*	.	
granulata. *Risso*...	.	.	.	.	.	*	.	
Folinæ. *Phil.*.....	.	.	.	.	.	*	.	
Nassa.								
mutabilis. *Lin*....	.	.	.	.	.	*	*	
reticulata. *Lin.*....	*	*	*	*	*	*	*	
nitida. *Jeffr.*.....	.	.	*	*	*	*	*	
limata. *Chem.*....	.	.	.	.	.	*	.	
marginulata. *Lam.*.	.	.	.	.	.	*	*	
Gemellari. *Biond.*.	.	.	.	.	.	*	.	
pygmæa. *Lam.*....	.	.	*	*	*	*	*	
incrassata. *Mül.*...	*	*	*	*	*	*	*	
granum. *Lam.*....	.	.	.	.	.	*	*	
genetta. *Lesson*...	.	.	.	.	.	.	*	
variabilis. *Ph.*....	.	.	.	.	.	*	*	
Tinei. *Mar.*......	.	.	.	.	.	*	.	
trifasciata. *Ad.*....	.	.	.	*	*	.	.	
Gallandiana. *Fisch.*	.	.	.	*	*	.	.	
Pfeifferi. *Phil.*....	.	.	.	.	*	*	.	
corniculum. *Oliv.*.	.	.	.	.	*	*	*	
scriptum. *Leach*...	.	.	.	.	.	*	.	
dermestoideum. *L.*	.	.	.	.	.	*	.	
Cyclops.								
neriteum. *Lin.*....	.	.	.	.	.	*	*	
pellucidum. *Risso*..	.	.	.	.	.	*	*	

ESPÈCES.	Zone polaire.	Z. boréale.	Z. britannique.	Z. celtique.	Z. lusitanienne.	Z. méditerranéenne.	Z. algérienne.	LOCALITÉS spéciales.
Columbella.								
rustica. *Lin.*	.	.	.	.	*	*	*	
tringa. *Lam.*	.	.	.	.	.	*	.	
Crosseana. *Recl.*	.	.	.	.	.	*	.	
minor. *Scac.*	.	.	.	.	.	*	*	
Haliæeti. *Jeffr.*	.	.	*	.	.	.	.	
Mitra.								
zonata. *Sow.*	.	.	.	.	.	*	.	
plicatula. *Broc.*	.	.	.	.	.	.	*	*Tunis.*
ebenus. *Lam.*	.	.	.	.	.	*	*	
lutescens. *Lam.*	.	.	.	.	.	*	.	
Groenlandica. *Moll.*	*	.	.	.	.	.	.	
Savignyi. *Payr.*	.	.	.	.	.	*	*	
obsoleta. *Bron.*	.	.	.	.	.	*	*	
olivoidea. *Cantr.*	.	.	.	.	.	*	.	
Philippiana. *Forb.*	.	.	.	.	.	*	.	
Cordieri. *Marav.*	.	.	.	.	.	*	.	
Ringicula.								
auriculata. *Men.*	.	.	.	.	*	*	*	
Voluta.								
olla. *Lin.*	.	.	.	.	*	.	.	
Ovula.								
Adriatica. *Sow.*	.	.	.	.	.	*	.	
carnea. *Lin.*	.	.	.	.	.	*	*	
spelta. *Lin.*	.	.	.	.	.	*	*	
Simnia.								
patula. *Penn.*	.	.	*	.	.	.	.	

ESPÉCES.	Zone polaire.	Z. boréale.	Z. britannique.	Z. celtique.	Z. lusitanienne.	Z. méditerranéenne.	Z. algérienne.	LOCALITÉS spéciales
Simnia (*Suite*).								
Nicæensis. *Risso* .	.	.	.	.	.	*	*	
Marginella.								
secalina..	.	.	.	.	.	*	*	
miliacea. . . . . , . .	.	.	.	.	.	*	*	
minuta.	.	.	.	.	.	*	*	
clandestina..	.	.	.	.	.	*	*	
Erato.								
lævis. *Donov*.	.	.	*	*	*	*	*	
Pedicularia.								
sicula. *Swains*.. . .	.	.	.	.	.	*	.	*Sicile.*
Cypræa.								
lurida. *Lin*.	.	.	.	.	.	*	*	
pyrum. *Lin*..	.	.	.	.	.	*	*	
spurca. *Sow*.	.	.	.	.	.	*	*	
physis. *Broc*.	.	.	.	.	.	*	*	*Sicile.*
Trivia.								
Europæa. *Mont*. . .	.	*	*	*	*	*	*	
pulex. *Sol*.	.	.	.	.	.	*	*	
latyrus. *Blv*.	.	.	.	.	.	*	.	
cribellum. *Gask*. . .	.	.	.	.	.	*	.	
candidula.. *Gask*. . .	.	.	.	.	.	*	.	
Conus.								
mediterraneus. *Br*.	.	.	.	.	*	*	*	

NOTA.

Les tableaux qui précèdent ne doivent pas être considérés comme l'expression exacte et complète de la répartition sur nos côtes des mollusques testacés des mers d'Europe. Beaucoup ont échappé jusqu'à présent aux recherches des naturalistes; et, comme j'en ai déjà fait l'observation, les côtes de Portugal n'ont pas été convenablement explorées. Il y a là une lacune à combler, et on peut regarder comme certain que l'on retrouvera sur ce littoral toutes les coquilles qui figurent en même temps dans la zone méditerranéenne et dans les zones celtique et britannique. On pourra dès-lors expliquer facilement la présence et la propagation des espèces s'étendant de Gibraltar vers les mers du Nord en suivant les côtes du Portugal, et cela sans avoir besoin de recourir à l'hypothèse d'une ancienne communication de l'Océan atlantique avec la Méditerranée, par un large canal ouvert au pied des Pyrénées.

NOTICE

LES COQUILLES EXOTIQUES

CITÉES COMME VIVANT DANS LES MERS D'EUROPE

Il m'a semblé qu'il ne serait pas sans intérêt de signaler ici à l'attention des conchyliologues les erreurs commises par un certain nombre d'auteurs qui ont admis dans la faune européenne beaucoup de coquilles appartenant exclusivement à des mers lointaines, et que j'ai rejetées rigoureusement de mon catalogue.

Ces erreurs, qu'il est facile d'expliquer, remontent, en général, à une époque où les mers n'avaient pas encore été explorées sérieusement au point de vue scientifique, et où l'on n'attachait même pas une grande importance à l'*habitat* des mollusques. Comme sources de ces inexactitudes, je citerai en première ligne l'ignorance et souvent même la [mauvaise foi des gens faisant commerce d'objets d'histoire naturelle.

Parmi les hommes de cabinet qui ont écrit sur la conchyliologie, il en est bien peu qui se soient personnellement livrés à la recherche des mollusques, et les autres ont dû par conséquent s'en rapporter, soit aux marchands, soit à des collecteurs indifférents ou peu experts ; on conçoit d'ailleurs que ceux-ci ont pu eux-mêmes se tromper de bonne foi, et considérer comme indigènes des coquilles exotiques, dont la présence sur nos côtes n'était cependant que le résultat d'un fait accidentel. En effet, bon nombre de coquilles étrangères ont pu être transportées en Europe adhérant à la carêne d'un bâtiment, ou jetées à la mer comme inutiles à l'arrivée d'un navire. C'est ce qui a lieu, au surplus, très-fréquemment, à bord de ceux qui ont pris aux Antilles, ou sur d'autres points, une certaine quantité de sable comme lest, dont on se débarrasse avant d'entrer dans le port.

Il y a aussi de nombreux exemples d'erreurs commises par des auteurs qui se sont trompés dans leurs déterminations, en confondant les espèces, ou qui se sont même parfois laissés entraîner au plaisir d'augmenter l'importance d'un catalogue, sans s'apercevoir que cette faiblesse devait avoir pour effet de discréditer leur travail.

Il est remarquable que ces fausses indications se dénoncent elles-mêmes par ce fait qu'il est toujours question, dans ce cas-là, d'une coquille *morte, fruste, unique, ou excessivement rare*, alors que la plupart du temps elle appartient à un mollusque prolifique qui devrait abonder sur le point où l'on prétend l'avoir découvert : M. Payraudeau, par exemple, a inscrit, dans son catalogue des coquilles de la Corse, un bon nombre d'espèces exotiques qu'un autre collecteur habile, mais plus circonspect, M. Requien, a, quelques années plus tard, vainement cherchées dans les mêmes localités.

Ces erreurs, explicables à une époque où les études conchyliologiques étaient peu avancées, ou moins bien comprises, ne seraient plus excusables aujourd'hui, et on ne saurait trop engager les personnes qui s'occupent de faunes locales à rejeter de leurs listes toute espèce dont l'origine serait douteuse. J'irai plus loin encore, en disant qu'il n'y aurait même pas lieu de faire d'exception pour une coquille exotique qu'on aurait trouvée sur nos côtes pourvue de son mollusque : un fait de ce genre, isolé, anormal, ne devrait pas avoir plus de valeur, en ce qui concerne le monde sous-marin, qu'il n'en aurait, dans un autre cas, si l'on rencontrait un singe dans la forêt de Compiègne, ou un crocodile dans les eaux du Rhône.

Voici la liste des espèces exotiques citées à tort comme se trouvant dans les mers d'Europe :

PHOLAS.	striata.	*Linné.*	Antilles.
SOLECURTUS.	bidens.	*Chemnitz.*	Océan indien.
—	guineensis.	*Chemnitz.*	Afrique occidentale.
—	*oblongus.*	Brusina.	
LYONSIA.	plicata.	*Montagu.*	Antilles.
COCHLODESMA.	Leana.	*Conrad.*	Amér. boréale.
SANGUINOLARIA.	rugosa.	*Lamarck.*	Antilles.
MACTRA.	fragilis.	*Chemnitz.*	Amér. mérid.
LUCINA.	orbicularis.	*Montagu.*	Antilles.
—	tiger ain.	*Linné.*	Id.
ERVILIA.	nitens.	*Montagu.*	Id.
DONAX.	denticulata.	*Linné.*	Id.
MESODESMA.	deaurata.	*Turton.*	Amér. boréale.
AMPHIDESMA.	reticulata.	*Linné.*	Antilles.
TELLINA.	pisiformis.	*Linné.*	Id.
—	carnaria.	*Linné.*	Id.
—	virgata.	*Linné.*	Id.
—	fausta.	*Pulteney.*	Id.
—	striata.	*Chemnitz.*	Id.
—	punicea.	*Born.*	Id.
—	inæquistriata.	*Donovan.*	Id.
—	similis.	*Sowerby.*	Id.
—	lineata.	*Turton.*	Id.
VENUS.	circinata.	*Born.*	Id.
—	subcordata.	*Montagu.*	Id.
—	cancellata.	*Lamarck.*	Id.
—	granulata.	*Lamarck.*	Id.
—	paphia.	*Linné.*	Id.
CARDIUM.	lævigatum.	*Lamarck.*	Id.
—	medium.	*Linné.*	Id.
—	muricatum.	*Linné.*	Id.
PECTUNCULUS.	pectiniformis.	*Lamarck.*	Mer Rouge.
NUCULA.	Montagui.	*Gray.*	Sénégal.
MODIOLA.	cinnamomea.	*Lamarck.*	Antilles.
—	semen.	*Lamarck.*	Id.
—	*gibberula.*	Cailliaud.	
MYTILUS.	exustus.	*Lamarck.*	Antilles.
—	crenatus.	*Lamarck.*	Nouv. Zélande.

PINNA.	muricata.	*Mont.* non *Linné.*	Antilles.
—	elata.	*Gmelin.*	Id.
AVICULA.	atlantica.	*Linné.*	Afriq. occid.
PECTEN.	distans.	*Lamarck.*	Florides.
—	medius.	*Lamarck.*	Antilles.
—	gibbus.	*Lamarck.*	Afriq. occid.
OSTREA.	cristagalli.	*Lamarck.*	Océan Indien.
—	rubella.	*Lamarck.*	Antilles.
TEREBRATULA.	flavescens.	*Lamarck.*	Nouv. Hollande.
	spadæ.	Aradas.	
DENTALIUM.	semistriatum.	*Turton.*	Antilles.?
—	octogonum.	*Lamarck.*	Oc. Indien.
—	album.	*Turton.*	Antilles.?
PATELLA.	pectinata.	*Lamarck.*	Afriq. mérid.
EMARGINULA	clausa.	*D'Orbigny.*	Antilles.
	Franciscana.	Recluz.	
PILEOPSIS.	militaris.	*Linné.*	Antilles.
—	antiquata.	*Linné.*	Id.
BULLA.	ampulla.	*Linné.*	Id.
NATICA.	canrena.	*Lamarck.*	Id.
TROCHUS.	excavatus.	*Lamarck.*	Antilles.
—	castaneus.	*Gmelin.*	Id.
—	carneolus.	*Lamarck.*	Id.
	rubescens.	Philippi.	
ROTELLA.	vestiaria.	*Linné.*	Oc. Indien.
PLANAXIS.	pediculare.	*Lamarck.*	Antilles.
LITTORINA.	zig-zag.	*Chemnitz.*	Id.
—	dispar.	*Montagu.*	Id.
—	muricata.	*Linné.*	Id.
SCALARIA.	varicosa.	*Lamarck.*	Oc. Indien.
—	uncinaticosta.	*D'Orbigny.*	Antilles.
TURRITELLA.	duplicata.	*Linné.*	Oc. Indien.
—	imbricata.	*Linné.*	—
—	cincta.	*Da Costa.*	Antilles.
RISSOINA.	Chesnelii.	*Michaud.*	Id.
ODOSTOMIA.	trifida.	*Totten.*	Amér. boréale.
CERITHIUM.	Lafondi.	*Michaud.*	Antilles.
—	subulatum.	*Montagu.*	Id.
—	fuscatum.	*Linné.*	Sénégal.
—	radula.	*Bruguière.*	Id.
STROMBUS.	pugilis.	*Linné.*	Antilles.
PURPURA.	patula.	*Lamarck.*	Id.
—	crassilabrum.	*Lamarck.*	Chili.
FUSUS.	buccinatus.	*Lamarck.*	Sénégal.
—	nifat.	*Adanson.*	Id.
MUREX.	gibbosus.	*Lamarck.*	Id.
—	pomum.	*Linné.*	Antilles.
RANELLA.	ranina.	*Lamarck.*	Oc. Indien.
TRITON.	pileare.	*Linné.*	—

PYRULA.	melongena.	*Linné.*	Antilles.
—	carica.	*Gmelin.*	Florides.
—	perversa.	*Linné.*	Id.
CASSIS.	vibex.	*Lamarck.*	Oc. Indien.
DOLIUM.	perdix.	*Linné.*	Id.
NASSA.	gibbosula.	*Linné.*	Mer Rouge.
—	ambigua.	*Kiener.*	Antilles.
—	hepatica.	*Montagu.*	Oc. Indien.
COLUMBELLA.	nitida.	*Lamarck.*	Antilles.
	marmorea.	Brusina.	
—	mercatoria.	*Lamarck.*	Antilles.
MARGINELLA.	pallida.	*Lamarck.*	Id.
—	catenata.	*Kiener.*	Id.
	monilis.	*Lamarck.*	Oc. Pacifiq.
CYPRÆA.	lynx.	*Linné.*	Oc. Indien.
	caurica.	*Linné.*	Id.
	erosa.	*Linné.*	Id.
	annulus.	*Linné.*	Id.
	moneta.	*Linné.*	Id.
	asellus.	*Lamarck.*	Id.
	picta.	*Gray.*	Afr. Occid.
	helvola.	*Linné.*	Oc. Indien.
	quadripunctata.	*Gray.*	Antilles.
	mus.	*Linné.*	Id.
OVULA.	birostris.	*Linné.*	Oc. Indien.

Je ne crois pas qu'on ait trouvé, bien établi dans les mers d'Europe, un seul mollusque ayant son foyer d'habitation aux Antilles ou sur les côtes de l'Amérique au-dessous de 40° de latitude nord, à l'exception peut-être d'une espèce de *pecten* : la distance qui sépare les deux continents explique le fait suffisamment. Il est aussi clairement démontré, pour moi du moins, que le cap Horn d'un côté, et le cap de Bonne-Espérance de l'autre, présentent un obstacle insurmontable au passage dans l'Atlantique des espèces propres à l'océan Pacifique et de celles qui vivent dans les mers de l'Inde.

Il n'en est pas de même en ce qui concerne la faune malacologique de l'Afrique occidentale, dont les côtes touchent à celles de l'Europe sans autre solution de continuité que le détroit de Gibraltar, et il n'y a rien d'étonnant à rencontrer, soit dans le bassin méditerranéen, soit sur les rivages du Portugal, quelques

mollusques appartenant plus généralement aux régions intertro-
picales d'Afrique.

Plusieurs de ces animaux se seront propagés successivement le
long des côtes; d'autres auront pu être transportés accidentellement d'un point sur un autre où ils auront trouvé des conditions
convenables à leur existence et à leur multiplication.

Je suis aussi fort tenté d'admettre qu'à une époque géologique
déja bien ancienne, il existait dans la Méditerranée une faune
différente de celle actuelle, et qui serait éteinte aujourd'hui, à
l'exception d'un petit nombre d'espèces qui se sont maintenues
jusqu'à présent, et qui seraient peut-être destinées à disparaître
également avec le temps.

Je classerai comme il suit les coquilles dont il vient d'être
question :

1° Mollusques plus particulièrement propres aux mers d'Europe qui seraient descendus jusque sur les côtes du Sénégal :

VENUS verrucosa. *Linné.*	TROCHUS magus. *Linné.*
ARTEMIS exoleta. *Linné.*	— corallinus. *Linné.*
BULLÆA aperta. *Lamarck.*	CERITHIUM vulgatum. *Bruguière.*

2° Coquilles de la faune sénégalaise qui seraient remontées au
nord, soit sur les côtes du Portugal, soit sur certains rivages du
bassin méditerranéen :

PSAMMOBIA costata. *Hanley.*	MESALIA brevialis. *Lamarck.*
UNGULINA oblonga. *Daudin.*	TRITON scrobiculator. *Linné.*
LITHODOMUS caudigerus. *Lamarck.*	CASSIS saburon. *Adanson.*
SIPHONARIA Algesiræ. *Quoy.*	NASSA Gallandiana. *Fischer.*
FOSSARUS ambiguus. *Linné.*	VOLUTA olla. *Linné.*
PURPURA hæmastoma. *Linné.*	CYPRÆA lurida. *Lamarck.*

3° Mollusques dont la présence actuelle dans la Méditerranée

se rattacherait à une ancienne faune, dont ils seraient les restes
et les représentants :

Venus effossa. *Bivona.*
Cardium hians. *Brocchi.*
Siliquaria anguina. *Linné.*
Phorus mediterraneus. *Tiberi.*
Pleurotoma undatiruga. *Bivona.*
Cancellaria cancellata. *Linné.*

Priamus stercus pulicum. *Chemn.*
Mitra zonata. *Swainson.*
Cypræa physis. *Gray.*
— spurca. *Linné.*
Pedicularia sicula. *Swainson.*
Conus mediterraneus. *Bruguière.*

OBSERVATIONS

ET

NOTES EXPLICATIVES

J'ai souvent, en rédigeant mon travail, éprouvé le besoin de donner quelques explications relativement à divers mollusques, ou à la synonymie; mais j'ai craint d'encombrer mon catalogue de notes qui, mises en bas des pages, lui eussent enlevé son caractère synoptique, et j'ai préféré réunir ces notes à part, en les présentant, comme on va le voir, dans l'ordre du classement méthodique que j'ai adopté.

G. Teredo. *Sellius.*

En dehors des espèces de Tarets mentionnées dans mon catalogue comme appartenant aux mers d'Europe, il en est plusieurs autres que M. Jeffreys a décrites, en 1860, dans les *Annals and magazine of natural history*, sous les noms de *Teredo excavata, bipartita, spatha, fusticulus*, *cancellata,* et *fimbriata,* d'après des individus provenant pour la plupart de l'île de Guernesey.

Toutefois cet auteur ne les a point admises dans son bel ouvrage sur les mollusques des îles Britanniques, par la raison que ces Tarets avaient été trouvés dans des pièces de bois appartenant à des contrées lointaines (cèdre ou bois de theak), et qui, à la suite d'un naufrage ou par toute autre cause, avaient été rejetées par la mer sur le littoral de Guernesey ou lieux voisins.

Ce motif m'a paru trop plausible pour que j'aie balancé à exclure ces espèces de la faune européenne.

Panopæa *glycimeris*. Born.

On ne connaît jusqu'à présent, dans les mers d'Europe, que deux localités où l'on ait trouvé ce mollusque :

1° Les côtes de Sicile, et sur un seul point, entre Trezza et Acireale ;

2° En Portugal, près de Faro.

La Panopée vit enfoncée dans le sable ou le sable vaseux, à une certaine profondeur, toujours au-dessous du niveau des basses mers, en sorte qu'il est fort difficile de se la procurer, et on ne rencontre le têt, sans l'animal, qu'après les grandes marées, ou lorsque les sables ont été remués et bouleversés à la suite d'une tempête.

Il est probable qu'on trouvera cette espèce sur la côte occidentale d'Afrique.

Panopæa *plicata*. Montagu (Mytilus).

Cette coquille, rapportée au genre *Panopæa* par M. Jeffreys, est-elle bien une véritable Panopée ? Quoique sa charnière la rapproche de ce genre, on peut rester dans le doute. Les véritables Panopées sont toutes des coquilles grandes, épaisses, solides, non nacrées, vivant enfoncées dans le sable à d'assez grandes profondeurs. La P. *plicata*, au contraire, est mince, semi-transparente, à texture nacrée, et de très-petite taille. Nous n'avons aucun détail sur son genre de vie, et l'on peut supposer que ce mollusque est pourvu d'un byssus, comme les *Sphenia* et les *Saxicava*. A l'état vivant cette espèce paraît être rare, et le plus souvent on n'a dragué que des valves dépareillées. Je crois donc devoir la signaler aux naturalistes, et appeler sur elle toute leur attention : il serait intéressant de savoir si elle doit rester parmi les Panopées, ou plutôt passer dans le voisinage des Saxicaves. S. Wood l'a décrite comme une *Sphenia*, Nyst comme une *Saxicava;* ce qui démontre que ses affinités avec les Panopées ne sont pas saisissantes.

Sphenia *Binghami*. Turton.

La légitimité du G. *Sphenia* a été mise en doute par M. Jeffreys, qui le supprime même, pour le réunir aux *Mya*. Je ferai observer à ce sujet que lés *Sphenia* diffèrent des Myes par leur coquille mince, peu bâillante en arrière, très-inéquivalve. L'animal a des syphons relativement courts, et on aperçoit à la base du pied un véritable byssus. Les *Sphenia* vivent attachées dans des trous, des cavités de roche, tandis que les Myes restent enfoncées dans les sables. Ces coquilles me paraissent donc très-voisines; mais leur identité générique ne me semble, jusqu'à présent, nullement démontrée, et j'ai cru par conséquent devoir maintenir le G. *Sphenia* dans mon catalogue.

Thracia *convexa*. W. Wood.

Contrairement à l'opinion de plusieurs conchyliologues, je ne crois pas que cette Thracie, décrite et parfaitement figurée par Wood dans son *General conchology*, se rencontre dans les eaux de la Méditerranée : on lui donne cet *habitat* dans quelques catalogues; mais, malgré toutes mes démarches, je n'ai jamais pu obtenir la preuve du fait avancé; j'ai tout lieu de penser au contraire, avec M. Morch, que cette espèce habite exclusivement les mers du Nord, où du reste on la trouve difficilement, probablement parce qu'elle y vit sur des fonds de vase. J'ai obtenu, il y a bien longtemps, de M. J.-B. Sowerby, deux exemplaires de cette Thracie, qu'il regardait comme fort rare.

Thracia *truncata*. Brown (*Amphidesma*).

C'est d'après l'autorité de M. Jeffreys que j'ai admis ce nom spécifique comme s'appliquant à la *Thracia myopsis* de Moller, dont le nom ne viendrait alors qu'en synonymie ; mais j'avoue que je n'ai pu vérifier l'exactitude de la détermination adoptée par M. Jeffreys.

Reeve, dans sa monographie du genre dont il s'agit, donne la description et la figure de la *T. myopsis* de Moller, et rapporte à la *T. distorta* de Montagu la *T. truncata* de Brown, ce qui est en désaccord avec l'opinion de M. Jeffreys.

Au surplus, il doit être bien entendu qu'il s'agit, pour cette espèce inscrite dans mon catalogue, de la *T. myopsis* de Moller, laquelle vit dans les mers du Nord, sur les côtes du Groënland.

G. Pandora. *Bruguière.*

Il est fort difficile d'établir d'une manière précise les caractères d'après lesquels on pourrait reconnaître les espèces mentionnées dans le catalogue. Quelques auteurs se sont montrés disposés à les réunir, et à ne voir dans les formes différentes que de simples variétés, dues, soit à un état plus ou moins jeune, soit à l'influence des milieux dans lesquels vit le mollusque. Cette opinion, vers laquelle je pencherais volontiers, ne me paraît cependant pas assez justifiée jusqu'à présent pour que j'aie cru devoir l'adopter dans la nomenclature que je donne. La *Pandora glacialis* de Leach surtout me paraît assez distincte de ses congénères.

Mactra *truncata*. Montagu.

Montagu a décrit cette espèce, dont la légitimité a été depuis contestée par divers auteurs, qui l'ont rapportée soit à la *M. solida*, soit à la *M. subtruncata*, dont elle se rapproche davantage ; mais j'ai reçu de M. J.-B. Sowerby des exemplaires de la *M. truncata* qui m'ont semblé justifier la distinction faite par Montagu. L'espèce dont il s'agit se rapproche bien de sa *M. subtruncata*, mais elle est plus grande, plus solide, plus régulièrement trigone, et je crois devoir la maintenir dans mon catalogue, d'après l'autorité de ce conchyliologue, dont l'opinion doit être d'un grand poids en pareille matière.

La *M. truncata* est bien figurée dans l'ouvrage de Brown (*Illustrations conchyliologiques*), pl. 15, fig. 5.

Lucina *spinifera*. Montagu.
Var. *Venus Busschaerdi*. Requien.

Je dois à l'obligeance d'un collecteur, qui a eu l'heureuse chance de recueillir en Corse quelques-unes des espéces décrites par Requien, la communication de celle que celui-ci a décrite sous le nom de Venus *Busschaerdi*. J'ai reconnu que ce n'était autre chose qu'une variété de la *Lucina spinifera* (Venus) de Montagu. Cette variété est petite, presque lisse, teinte intérieurement et extérieurement d'une couleur jaune-orange.

M. Mac Andrew a rencontré cette coquille à Vigo, et sur les côtes du Portugal : il l'a désignée dans son catalogue par les mots *Lucina spinifera*, yellow var.

Je suis porté à croire que la coquille nommée par Requien *Venus Duminyi* est une autre variété de la Luc. *spinifera*. L'auteur fait suivre la courte description qu'il donne de cette espèce des mots *valde similis præcedenti* (V. *Busschaerdi*).

G. Ungulina. *Daudin*.

Ce mollusque est originaire des côtes occidentales d'Afrique, et est assez commun au Sénégal (Gorée), où on le trouve installé dans les pierres et les roches : ce n'est sans doute qu'accidentellement qu'il a été transporté aux environs de Cadix, où il a conservé les mêmes habitudes. Cette Unguline ne paraît pas avoir encore pénétré dans le bassin méditerranéen. Il en est de même de quelques autres coquilles, telles que le *G. Priamus*, la *Voluta olla*, la *Psammobia costata*, etc. Il est possible que l'on trouve un jour le *G. Ungulina* sur les côtes du Portugal, si incomplétement explorées jusqu'à présent.

Donax *Laskeyi*. Montagu (*Tellina*).

Montagu a décrit, dans son supplément (pag. 28), sous le nom de *Tellina Laskeyi*, une coquille qu'il avait reçue de M. Laskey comme provenant des côtes d'Écosse. La description de l'auteur est accompagnée d'une figure coloriée (pl. 28, fig. 3).

Plusieurs conchyliologues, et entre autres M. Forbes et M. Jeffreys, n'ont pas osé admettre cette espèce dans la faune des îles Britanniques, et ils ont émis l'opinion qu'elle devait être originaire des Antilles; ce qui ne me paraît pas suffisamment démontré. La coquille dont il s'agit ressemble plus, quoique de moindre dimension, à une *Donax polita* de Poli (*complanata* Montagu) qu'à aucune des Donaces exotiques. Je n'ai jamais rencontré parmi les coquilles provenant des Antilles, ni la *D. Laskeyi*, ni rien qui s'en rapprochât.

L'espèce de Montagu, au contraire, a toute l'apparence d'une coquille des mers d'Europe ; et au premier aspect on croirait voir un intermédiaire entre l'*Ervilia castanea* et la *Donax polita*. J'ai donc cru pouvoir l'admettre dans mon catalogue, non pas avec la certitude qu'elle appartient aux mers d'Europe, mais pour appeler sur elle l'attention des personnes qui se livrent à la recherche des mollusques sur les côtes d'Écosse.

Donax brevis. *Requien.*

J'ai reçu sous ce nom, et comme provenant des côtes de l'île de Corse, une coquille non adulte, qui se rapporte parfaitement à l'espèce décrite par Requien. Ce ne serait autre chose que la *Donax trunculus* à l'état jeune.

G. Syndosmya. *Récluz.*

M. Jeffreys n'accepte pas le genre *Syndosmya* de M. Récluz, et le réunit au genre *Scrobicularia* de Schumacher. Certes, ces deux genres sont très-voisins l'un de l'autre, mais les différences qu'ils présentent sont tellement saillantes qu'il est difficile de les

méconnaître ; M. Jeffreys semble avoir lui-même justifié la distinction, en créant deux sections dans son genre *Scrobicularia*. La
première, caractérisée par la présence de dents latérales plus ou
moins développées, comprend toutes les Syndosmyes ; la seconde,
caractérisée par l'absence de dents latérales, ne compte que la
Scrob. compressa et la *Scrob. Cottardi* : or M. Récluz, en créant
son *G. Syndosmya*, l'a distingué des *Scrobicularia* par l'existence des dents latérales. Je crois donc qu'il n'y a aucun inconvénient à maintenir le genre *Syndosmya*, qui comprend les petites
espèces transversales de nos mers.

G. **Tellina**, *T. Oudardii* et *T. Lantivyi*. Payraudeau.

Voilà deux espèces que j'ai inscrites dans mon catalogue,
d'après le dire de M. Payraudeau, mais que je n'ai jamais vues,
et que Requien n'a pas retrouvées en Corse. M. Mac-Andrew ne les
cite pas non plus dans la liste de ses espèces méditerranéennes.
Quelques personnes les ont rapportées à d'autres espèces avec
lesquelles elles ne me paraissent pas avoir de rapport : je n'oserais
donc affirmer que ces deux coquilles de Payraudeau appartiennent réellement à deux espèces bien caractérisées. Peut-être
m'objectera-t on que j'aurais pu m'édifier sur ce point, puisque
les types de l'auteur se trouvent à Paris.

On semble ignorer, hélas ! que ces collections spéciales, tout
intéressantes qu'elles sont au point de vue scientifique, viennent,
à leur entrée dans un établissement public, se fondre dans une
immense collection générale, comme on voit les eaux des fleuves
se confondre, à leur embouchure, avec les flots agités de
l'Océan. Or les collections générales sont trop riches et tiennent
trop de place pour qu'on puisse les mettre en ordre et les classer.
Je crois, au reste, qu'on n'y songe guère, et même qu'on n'y tient
pas.

Cytherea *mediterranea*. Tiberi.

J'ai reçu de M. le Dʳ Tiberi, et de M. Benoit, de Messine, une petite Cythérée uniformément blanche, et me paraissant avoir, à la couleur près, tous les caractères de la *Cytherea rudis* de Poli : MM. Fischer et Crosse partageaient cette opinion, en sorte que je la considérais comme une simple variété.

Cependant mon savant confrère de Portici, dont l'opinion est loin d'être sans valeur en pareille matière, a persisté dans l'opinion que cette Cythérée constitue une espèce distincte dont il doit prochainement donner la description dans le journal de conchyliologie. Cette persistance m'a d'autant plus frappé qu'un autre conchyliologue, non moins expert, M. Mac-Andrew, a inscrit cette espèce comme inédite dans un de ses catalogues : il l'avait trouvée à Gibraltar, et sur divers points de la Méditerranée.

D'après l'autorité de ces deux habiles collecteurs, je me suis déterminé à admettre dans mon catalogue la coquille dont il s'agit, et à laquelle M. Tiberi donne le nom de *Cytherea mediterranea*.

Venus multilamella *Lamarck*. (Cytherea.)

Lamarck a décrit sous ce nom une espèce fossile d'Italie, à laquelle on a rapporté une coquille vivant aujourd'hui dans les eaux de la Sicile : j'ai reçu de mon ami, M. Benoit, plusieurs exemplaires de cette espèce, toujours sous le nom de Lamarck. J'ai cru devoir adopter cette détermination, et inscrire ce nom dans mon catalogue, sans être bien convaincu cependant que la *C. multilamella* fossile (*Cytherea Boryi* de Deshayes) soit réellement la même espèce que celle qui vit sur les côte de la Sicile.

Venus *casina*. Linné.

Cette Vénus a reçu un assez grand nombre de noms différents, ce qu'explique la variété des formes sous lesquelles elle se présente. J'en ai vu de presque complétement globuleuses, d'autres

très-plates, avec les passages intermédiaires. L'individu globuleux
que je possède, et que je dois à l'obligeance de mon ami le docteur Tiberi, avait été pêché par des corailleurs, sur les côtes de
Sardaigne, à une assez grande profondeur. Cette forme plus ou
moins globuleuse se rencontre plus spécialement dans la Méditerranée. Sur la côte d'Angleterre, la coquille est plus déprimée,
mais elle y acquiert, dit-on, de plus grandes dimensions.

On m'a cité, comme pouvant être ajouté à la synonymie de cette
espèce, le nom de V. *intermedia*, Gray, mais je n'ai pu découvrir
où l'auteur l'aurait décrite ; ce n'est peut-être qu'un nom manuscrit ou de collection, et je me suis fait une loi de rejeter ces vocables sans valeur scientifique.

Venus *Cygnus*. Lamarck.

J'ai appliqué ce nom à une espèce qui m'a été envoyée de
Sicile par mon ami M. Louis Benoit ; il l'avait prise pour une variété de la V. *multilamella*, avec laquelle elle a effectivement
quelques rapports ; toutefois, la V. *cygnus* est plus courte, plus
ventrue, presque globuleuse, et ses nombreuses lamelles, moins
régulières, ne sont pas frangées comme dans la V. *multilamella*,
qui est, en outre, nuancée de taches de couleur rougeâtre, tandis
que l'autre est généralement toute blanche. La V. *cygnus* est
aussi beaucoup plus petite, si j'en juge du moins par le petit
nombre d'exemplaires que j'ai vus.

Venus *effossa*. Bivona.

Cette coquille, décrite par Bivona, reproduite et figurée par
Philippi dans son ouvrage sur les mollusques de Sicile, est une
des plus intéressantes du genre Venus, et peut-être la plus curieuse des coquilles de la Méditerranée. Aussi ai-je été fort étonné
de ne pas la voir figurer dans la monographie des vénéridées
publiée par M. Lovell Reeve. A la vérité, on peut remarquer dans
cette monographie l'absence de deux cents noms spécifiques

admis pourtant dans la nomenclature ; mais il est inexplicable qu'une espèce d'Europe, aussi remarquable que la *Venus effossa*, ait été laissée de côté dans un ouvrage publié en Angleterre, au milieu des collections les plus riches.

M. Tiberi, à qui je dois cette intéressante coquille, l'avait trouvée dans la baie de Naples, où elle vit sans doute à une assez grande profondeur ; on la rencontre aussi sur les côtes de la Corse, suivant M. Requien.

Venus *fasciata*. Donovan.

La *Venus fasciata* varie beaucoup, et cela peut s'expliquer par ce fait qu'elle se rencontre sur presque toutes les côtes de l'Europe, par conséquent dans des conditions d'existence fort diverses. Ces différences dans les formes, la coloration, les dimensions, ont servi de bases pour établir des espèces avec des variétés mal étudiées, telles que celles auxquelles on a donné les noms de V. *biradiata* (Risso), *Brongniarti* (Payraudeau), *Philippiæ* (Requien).

M. Hidalgo, dans son catalogue des coquilles des côtes d'Espagne, a attribué à une variété de la V. *fasciata* le nom d'une *Venus gradata* de M. Deshayes. C'est par oubli que ce nom ne figure pas dans la synonymie que j'ai donnée page 56 du catalogue.

Venus *fluctuosa*. Gould.

Parmi un bon nombre de coquilles intéressantes que je dois à l'obligeance de M. E. Normand, aujourd'hui officier supérieur de la marine, qui me les donna au retour du navire *la Recherche*, sur lequel il était embarqué, se trouvait une petite bivalve que je n'avais pu déterminer. Elle avait été recueillie sur la côte d'Hamersfert, et je cherchais vainement à la découvrir parmi les espèces des mers du nord de l'Europe, lorsque je fus amené à reconnaître que c'était la *Venus fluctuosa* de Gould, nommé depuis, par Philippi, *Ven. astartoides*, espèce appartenant aux eaux de l'Amérique du Nord.

Ce fait, et quelques autres de même nature, tendent à prouver que certains mollusques des mers arctiques se trouvent en même temps sur des points assez distants des côtes européennes, américaines et asiatiques. On peut même prévoir qu'on pourra un jour, d'après ces données, faire un excellent travail de distribution géographique, en groupant, dans une faune spéciale, les mollusques qui vivent autour du pôle boréal jusque vers le 65° degré de latitude, où semble s'arrêter, ou du moins se réduire notablement, la propagation de certaines familles, telles que les *G. trophon, astarte, Bela, nucula, limopsis, crenella, trichotropis,* etc.

Venus Dianæ. *Requien.*

Requien a décrit, sous le nom de *C. Dianæ*, une coquille qu'il regardait comme fossile ou subfossile, et qu'il avait trouvée dans l'étang de Diane, près d'Aldéria. J'aurais pu et peut-être dû m'abstenir de la comprendre au nombre des espèces vivantes de la Méditerranée ; mais j'ai préféré l'admettre dans le catalogue, pour appeler sur elle l'attention des personnes qui seront en mesure de visiter l'étang de Diane, et de donner des renseignements précis sur cette espèce, dont l'existence est un peu équivoque.

G. Cardita. *Bruguière.*

Ce genre est très-peu nombreux en espèces dans les mers d'Europe, où l'on n'en compte que cinq, toutes de la Méditerranée.

Je n'ai pas inscrit dans le catalogue une *Cardita vestita* décrite, en 1852, par M. Deshayes, et figurée dans les proceedings de la Société zoologique de Londres, bien qu'elle y soit indiquée comme provenant des côtes du Groenland. Cette espèce appartient aux mers d'Amérique, et paraît très-voisine de la *Cardita borealis* de Conrad.

Cardium *ciliare?* Linné.

Je n'ai point admis ce nom spécifique dans mon catalogue, parce qu'il règne une grande incertitude relativement au type sur lequel Linné aurait établi son espèce; on a considéré celle-ci comme étant simplement un individu non adulte, soit du C. *aculeatum*, soit du C. *echinatum*. On l'a aussi rapportée, peut-être avec plus de raison, à un jeune du C. *paucicostatum* de Sowerby, bien figuré dans la monographie du genre, par M. Reeve.

Au milieu de ces opinions contradictoires, et vu l'insuffisance de la diagnose donnée par le savant Suédois, son *Cardium ciliare* m'a paru devoir disparaître de la nomenclature en tant que nom spécifique, et n'y figurer qu'à titre de renseignement synonymique.

Cardium *hians*. Brocchi.

J'ai fait connaître, le premier, dans la *Revue zoologique* de M. Guérin, que ce mollusque vivait sur le littoral de l'Algérie, non loin de Bône, et non dans les mers de l'Inde, comme on l'avait cru jusqu'alors. On serait porté à croire que ce mollusque est cantonné sur un espace assez limité de notre colonie africaine, puisqu'on ne l'a trouvé jusqu'à présent sur aucun autre point du bassin méditerranéen.

On l'a retrouvé, dit-on, sur la côte occidentale d'Afrique.

La fragilité de cette belle coquille indique assez qu'elle vit dans des fonds vaseux, où il est assez difficile d'aller la chercher : cependant les pêcheurs d'Algérie, excités par l'élévation de son prix, sont parvenus à se la procurer plus fréquemment, et aujourd'hui elle est bien moins rare dans les collections.

G. Pectunculus. *Lamarck.*

Les espèces européennes de ce genre sont assez difficiles à déterminer, par suite de la confusion qui a régné dès le principe, relativement aux Pectunculus (arca) *glycimeris* et *pilosus* de Linné.

J'ai peut-être eu tort de réunir au P. *glycimeris* le *Pectunculus bimaculatus* de Poli (P. *siculus* Reeve); celui-ci est considéré par plusieurs personnes comme espèce distincte, et notamment par M. Reeve, qui en a donné une assez bonne figure.

Le *Pectunculus stellatus* de Lamarck est une espèce particulière; je possède un exemplaire de cette coquille, que j'ai reçue du Portugal, d'où venait aussi la coquille qui a servi de type à Lamarck. Elle est différente de celle qui est figurée sous ce nom dans la monographie de Reeve.

J'ai inscrit dans mon catalogue le P. *lineatus* de Philippi (non Reeve), bien que quelques personnes le regardent comme étant un individu très-jeune du P. *violacescens* ou du P. *pilosus*. Pour statuer d'une manière précise à cet égard, il faudrait avoir les passages sous les yeux.

Le *Pectunculus nummarius* de Linné (arca) est un individu jeune du P. *violacescens* de Lamarck.

Le P. *nummarius* de Turton (bivalv., pl. 12, fig. 6) est un individu jeune du P. *pilosus* de Born (arca). Cette coquille, figurée par Turton, est d'un blanc jaunâtre, parsemée de petits points rouges assez régulièrement placés. Un collecteur, habitant les bords de la Méditerranée, m'adressa un jour, en communication, un exemplaire de cette jolie variété, qu'il regardait comme une espèce nouvelle. Je cherchai à le faire revenir de son erreur en lui citant la description et la figure de Turton; mais je doute que j'aie réussi, et je ne serais pas étonné de la voir décrire de nouveau comme espèce inédite. On ne saurait s'imaginer jusqu'où peut aller la ténacité d'un amateur qui croit avoir découvert quelque chose. C'est formidable.

Ce n'est que parmi les individus non adultes du P. *pilosus* qu'on rencontre cette remarquable variété sur les côtes d'Angleterre, et aussi dans le bassin méditerranéen. Les points rouges qui ornent le têt disparaissent avec l'âge. C'est probablement cette variété que Calcara a nommée *Pectunculus punctatus*.

G. **Limopsis**. *Sassi*.

J'ai mentionné dans le catalogue trois espèces de *Limopsis*, qui auraient été trouvées à l'état vivant dans les mers du Nord, et que Philippi cite comme fossiles d'Italie ou de Sicile. Ces mollusques appartiennent à un groupe qui semble vivre plus spécialement dans les mers froides, et je ne crois pas qu'on en ait rencontré dans le bassin de la Méditerranée; on n'en a même découvert qu'un petit nombre d'individus dans les mers boréales, où ils habitent à une assez grande profondeur. Le *Limopsis pygmœus* a été dragué par M. Mac-Andrew, par des fonds de 70 à 150 brasses.

Lithodomus *caudigerus*. Lamarck.

Cette coquille est le *ropan* d'Adanson, très-commun sur la côte occidentale d'Afrique, où il se trouve dans les amas de balanes, et dans certaines roches calcaires. Ce mollusque a remonté vers le nord, car on le trouve sur les côtes de l'Espagne; il a même pénétré jusque sur le littoral de l'Algérie; mais on ne l'a pas encore découvert, du moins à ma connaissance, sur d'autres points de la Méditerranée.

C'est à tort qu'on a rapporté cette espèce au *mytilus aristatus* de Dillwin, qui est des Antilles.

Modiolaria *rostrata*. Philippi.

J'ai inscrit ce nom dans la synonymie de la *modiolaria marmorata* de Forbes, parce que j'ai reçu directement de M. Philippi, avec cette désignation, une coquille qui ne me paraît être au plus qu'une variété peu caractérisée de la *M. marmorata*. Je n'ai pu découvrir où cette coquille aurait été décrite par Philippi, et peut-être ne l'a-t-elle jamais été. J'aurais pu ne pas la mentionner; mais, dans le doute et par égard pour l'éminent conchyliologue, à qui je dois la possession d'un certain nombre de ses types, j'ai cru pouvoir, sans inconvénient, conserver en synonymie le nom de sa *modiolaria*.

G. **Mytilus**. *Linné*.

Ce genre comprend les mollusques les plus répandus des mers d'Europe, où leurs coquilles présentent des différences de taille, de forme, de coloration, de solidité, qui ont d'abord fait admettre, par les auteurs, un assez grand nombre de coupes spécifiques; mais la plupart d'entre elles ont été successivement rejetées, et rapportées comme variétés au *mytilus edulis* de Linné.

Le *M. galloprovincialis*, que j'ai inscrit dans le catalogue comme espèce distincte, est contesté par quelques conchyliologues, qui seraient disposés à le réunir au M. *edulis*.

On pourrait presque en dire autant du M. *africanus* de Chemnitz.

Le M. *crispus* de Cantraine est une espèce assez bien caractérisée : cet auteur l'avait découverte dans l'Adriatique, où elle a été retrouvée depuis par M. *Brusina*, qui lui a imposé un nouveau nom. M. Martin, de Martigues, nous a envoyé aussi cette coquille, qui vit dans l'étang de Berre.

Le M. *minimus* de Philippi, ou plutôt de Poli, constitue également une espèce distincte.

M. Menke a décrit, sous le nom de M. *prasinus*, une coquille qui m'est inconnue; elle se trouve, dit-il, dans les éponges, ce qui me porterait à croire qu'elle pourrait bien appartenir au genre *Modiola*.

Le Myt. *Grunerianus* de Reeve (des mers du nord) et le M. *cylindraceus* de Requien (Corse) me sont également inconnus.

M. Martin a découvert et m'a envoyé une espèce de moule, qu'il croyait, du moins alors, être le M. *cylindraceus;* mais ce nom caractéristique et la description de Requien ne me paraissent pas justifier suffisamment l'opinion de ce conchyliologue, qui, du reste, se montrait assez disposé à considérer cette espèce comme inédite. Consulté à ce sujet par cet habile collecteur, je l'avais engagé à faire de nouvelles observations sur ces mollusques, dont la coquille, telle qu'elle se présente dans l'étang de Berre, pourrait être une très-petite variété d'une autre espèce, peut-être du M. *flavus*, que je considère lui-même comme une des formes de l'*edulis*.

J'avais engagé M. Martin à transporter ce mollusque sur un autre point et à l'y coloniser, afin de constater l'effet que produirait, sur la coquille, un milieu différent de l'étang où il semblait cantonné. J'ignore s'il a fait cette expérience, qui, au surplus, devrait être tentée pour le *mytilus edulis* lui-même, car je crois qu'on pourrait parvenir ainsi à se rendre compte des causes qui, sans altérer en rien l'organisation du mollusque, l'entraînent à modifier sa coquille.

Lima *excavata*. Chemmitz.

C'est la plus grande espèce du genre, et une des plus belles coquilles des mers d'Europe : elle habite les mers du nord, et se trouve, dit-on, plus fréquemment aux environs de Bergen (Norwége), d'où elle m'a été envoyée par M. le Dr Danielssen. Elle vit à d'assez grandes profondeurs, de 50 à 150 brasses, d'après M. Mac-Andrew.

La *Lima excavata* mesure jusqu'à 12 centim. de longueur, et même plus.

Pecten *Bruei*. Payraudeau.

Cette espèce est assez répandue dans la Méditerranée, et j'ai toujours été étonné de ne pas la trouver, sous un autre nom, dans les ouvrages de conchyliologie antérieurs à celui de Payraudeau (1826). Il semble que M. Jeffreys, subissant la même impression, ait cherché à découvrir quelque ancienne appellation ; car, dans un de ses derniers fascicules (1818), il a rapporté l'espèce dont il s'agit à l'*ostrœa arata* de Müller, citée dans Gmelin ; mais la description est trob abrégée pour qu'on puisse admettre cette synonymie avec confiance, d'autant que Müller donne pour habitation à ce mollusque l'océan Septentrional.

Pecten *daucus*, et P. *Sentis*. Reeve.

M. Hidalgo, dans son catalogue des coquilles propres aux côtes d'Espagne, a mentionné les deux peignes désignés sous les noms ci-dessus, tout en admettant qu'ils semblaient n'être que des variétés du *Pecten pusio* de Linnée (P. *multistriatus* Poli). Je suis complétement de cet avis, du moins en ce qui concerne le P. *sentis* figuré par Reeve sous le n° 125 de sa monographie ; quand au P. *daucus*, je serais porté à croire que c'est une espèce exotique, quoique cet auteur lui donne pour habitat les côtes de l'île de Corfou.

Pecten *dislocatus*. Say.

On prétend avoir trouvé à plusieurs reprises, sur un point des côtes du Portugal, près de Sétubal, le peigne dont il s'agit, et qu'on trouve assez abondamment sur les côtes de la Floride (Amérique du Nord). Le fait du moins a été affirmé par M. Barboza du Bocage, directeur, je crois, du Muséum d'histoire naturelle de Lisbonne. Les individus provenant de cette localité m'ont paru un peu plus grands que ceux qui avaient été recueillis sur les côtes des Florides par un de mes amis, le capitaine Cosmao, commandant une corvette de l'État; mais je n'ai pu découvrir aucune autre différence entre les individus provenant de ces deux localités.

Ce serait donc, si la présence du P. *dislocatus* dans nos mers était bien exacte, un mollusque qui se serait trouvé transporté en Europe et s'y serait acclimaté sur un point assez restreint, car je n'ai jamais entendu dire qu'il ait été trouvé ailleurs. Ce fait, tout anormal qu'il est, peut être admis à la rigueur, et j'ai cru pouvoir comprendre cette espèce dans la zône lusitanienne, mais en laissant, à cet égard, la responsabilité à M. Barboza du Bocage.

Pecten *gibbus*. Linné (Ostrea.)

Je vois figurer, dans le catalogue de M. Hidalgo, le *Pecten gibbus* de Linné comme se trouvant à Carthagène et à Gibraltar. L'auteur cite M. Mac-Andrew, qui aurait constaté le fait dans une de ses listes ; mais je ferai remarquer que M. Mac-Andrew accompagne le nom spécifique de *gibbus* Lin. d'un point de doute qui aurait dû inspirer quelque défiance à M. Hidalgo.

Il est à peu près certain que M. Mac-Andrew a eu en vue, non le *pecten* de Linné, mais l'espèce que Philippi avait désignée à tort sous ce nom, et auquel M. Récluz a donné le nom de P. *Philippii;* espèce véritablement méditerranéenne, et assez commune sur les côtes de Sicile.

Le véritable P. *gibbus* de Linné vit sur la côte occidentale d'Afrique, non loin de l'Equateur, et dans des conditions tout autres que celles qu'il trouverait dans les eaux du bassin méditerranéen.

Spondylus *aculeatus*. Philippi, non Chemnitz.

J'ai inscrit séparément, sous ce nom spécifique, un spondyle qui se rapproche tellement du S. *gœderopus* (Linné), que la plupart des conchyliologues les réunissent, et ne voient dans le S. *aculeatus* qu'une variété dont la valve supérieure est couverte d'un plus grand nombre d'épines.

Toutefois, M. Philippi a distingué les deux espèces, et devant cette autorité j'ai cru devoir maintenir provisoirement le nom de P. *aculeatus* dans la nomenclature, en laissant à mon ami le docteur Tiberi le soin d'étudier et de résoudre la question.

G. Anomia. *Linné.*

Il est peu de mollusques auxquels on ait attribué autant de noms qu'à l'Anomie des mers d'Europe.

Ce mollusque, qui vit adhérant à d'autres coquilles ou à des corps étrangers, et qui n'a sans doute pas besoin de grands moyens de défense pour assurer sa conservation, se contente d'une demeure fragile et mince, qui prend la forme du corps sur lequel il vit et se développe. Par suite de sa délicatesse, la coquille paraît plus sensible aux influences qu'exerce le milieu dans lequel se trouve l'animal; aussi le têt des Anomies varie non-seulement dans sa coloration, mais plus encore dans sa forme et ses caractères extérieurs. La valve supérieure surtout est tantôt lisse, rugueuse ou épineuse, striée, sillonnée, plissée, squameuse, aplatie ou convexe, etc... On comprend qu'en présence de cette diversité des formes, les naturalistes y aient cherché des caractères propres à faire distinguer ce qu'ils regardaient comme des espèces différentes; mais des observations mieux dirigées, sur un grand nombre de sujets, ont fait reconnaître que cette variabilité du têt ne tenait qu'à des causes extérieures ou accidentelles, et non à des différences dans l'organisation du mollusque. Nous ne posséderions donc qu'une seule espèce d'Anomie. Quelques personnes, à la vérité, seraient disposées à admettre, comme espèce distincte, une variété épineuse; mais j'avoue que cette opinion me paraît hasardée.

Il ne sera pas inutile de rappeler ici, à titre de renseignement, un fait cité par M. Mac-Andrew et par divers auteurs, à savoir que l'animal des Anomies ne peut être mangé impunément, et que ces animaux ont souvent occasionné des vomissements et des douleurs d'entrailles chez les personnes qui en ont fait usage.

G. **Ostrea**. *Linné*.

Le mollusque désigné dans la nomenclature sous ce nom générique paraît obéir à des influences diverses et très-nombreuses dans la formation de son têt, qui parfois se développe rapidement, ou s'arrête tout à coup, qu'on trouve tantôt libre, tantôt adhérant à des corps étrangers, qui se plisse, se déprime, se colore suivant les profondeurs, ou la nature du milieu où il végète immobile.

L'*Ostrea edulis*, si appréciée des gourmets, est aussi, et peut-être même plus variable que ses congénères. Elevée dans des parcs bien dirigés, la coquille y devient uniformément régulière, ce qui n'a pas lieu lorsqu'elle est exposée aux agitations de la mer, attachée à des corps mobiles, ou contrariée dans son accroissement; circonstances qui ont donné naissance à des variétés dotées ensuite de noms spécifiques, tels que ceux d'*Ostrea depressa*, *deformis*, *parasitica*, *fucorum*, *bicolor*, etc.

On a réduit à six ou sept le nombre des espèces d'huîtres de nos mers; mais les caractères qui devraient les faire reconnaître sont très-difficiles à saisir, et une étude sérieuse de ce groupe présenterait un grand intérêt. Elle pourrait être suivie avec succès dans le musée de quelqu'un de nos grands ports, où il serait facile de réunir des spécimens recueillis sur tous les points de nos côtes où vit ce mollusque. Ce ne serait pas une tâche au-dessus des forces de nos savants conservateurs, tels que M. Cailliaud à Nantes, M. Souverbie à Bordeaux, et autres, et je fais des vœux pour que l'un d'entre eux se charge de ce travail, dont le résultat pourrait bien être de réduire à une ou deux le nombre des espèces d'huîtres vivant aujourd'hui dans les mers d'Europe.

Ostrea *angulata*. Lamarck (*gryphœa*).

L'*Ostrea angulata* est la coquille qu'on trouve en grande

abondance à l'entrée du Tage, où elle semble vivre sur un fond vaseux.

Je suis porté à croire, avec M. Hidalgo, que cette espèce est la même qu'on trouve à Cadix adhérant aux pierres, et qui serait l'*ostrea plicata* de Chemnitz. Celle-ci est très-variable, et ne prend pas autant de développement que l'*ostrea angulata*, qui vit, comme je viens de le dire, au milieu de vases, charriées sans doute par le cours du Tage, dans des eaux peut-être aussi moins salées, enfin dans des conditions favorables à son accroissement. En effet, on remarque que l'O. *angulata* devient parfois très-grande, de formes très-variables, avec la valve inférieure souvent prolongée en une sorte de talon recourbé en dessus, caractère qui a causé l'erreur de Lamarck. Quant aux individus jeunes de cette espèce, ils ont beaucoup de rapports avec l'O. *plicata* de Cadix : même coloration, même disposition des côtes ou carènes sur la valve inférieure.

Si, comme il est permis de le penser, les formes assez bizarres, les dimensions de l'O. *angulata*, tiennent à la nature du milieu dans lequel vit ce mollusque, le fait sera confirmé ou contredit par une large expérience qui se fait en ce moment. En effet, depuis 1867, des spéculateurs ont fait transporter dans la baie d'Arcachon plusieurs millions de ces huîtres, prises à Lisbonne pour être élevées et naturalisées sur notre littoral. On saura donc bientôt si ce mollusque, ainsi dépaysé et placé dans des conditions nouvelles, modifie sa coquille, ou la maintient avec les formes qu'on lui connaît.

Chiton *fulvus*. Wood.

Un de mes amis, commandant un bâtiment de guerre en mission à la Corogne, y rencontra et me rapporta quelques individus d'un *Chiton*, qui avait tout le facies d'une espèce exotique; c'était le Ch. *fulvus* décrit et figuré par W. Wood dans son general conchology. Il avait trouvé ce mollusque sur son ancre, au moment où on la remontait à bord, et il avait remarqué que, contrairement aux habitudes des animaux de ce genre, il marchait avec assez de rapidité.

Sans mettre précisément en doute le dire de mon obligeant collecteur, je trouvais le fait fort extraordinaire ; mais, quelques années plus tard, je lus dans un rapport de M. Mac Andrew qu'il avait, dans ces mêmes parages, recueilli aussi sur le câble-chaîne de son navire, le *Chiton* dont il s'agit, et qu'il avait été frappé de sa grande puissance de locomotion.

Gadinia *lateralis*. Requien.

Requien, dans son catalogue des coquilles de la Corse, a donné une courte description de deux espèces du genre Gadinia, les G. *depressa* et G. *lateralis*.

Je ne connais pas ces deux coquilles, que Requien dit rares, bien que les espèces de cette famille soient généralement assez communes dans les lieux où elles vivent. Le G. *depressa* est peut-être une variété du G. *mamillaris* de Linné (*patella*), et le G. *lateralis* une variété du G. *Garnoti* de Requien. On a cru voir aussi dans le G. *lateralis* le *Pedicularia sicula* de Swainson (*Thyreus paradoxus*) de Philippi ; mais les descriptions ne concordent pas ; et d'ailleurs Requien, qui connaissait parfaitement l'ouvrage de Philippi, aurait reconnu le T. *Paradoxus*.

On a pensé, d'un autre côté, que ce même G. *lateralis* pourrait bien être la coquille décrite par M. Tiberi sous le nom de G. *excentrica*, opinion que je ne partage pas non plus ; en sorte que les deux espèces de Requien peuvent être provisoirement rangées dans la catégorie de celles qui sont inconnues.

On sait que Requien n'avait publié son catalogue que comme un simple aperçu des richesses conchyliologiques de la Corse, et qu'il se proposait de donner plus tard une histoire complète et iconographique des mollusques de cette île. Il est mort sans avoir pu réaliser ce projet, et l'on ne peut trop déplorer que depuis quinze ans il ne se soit rencontré personne en état de reprendre et d'achever cet important travail.

Tylodina *Duebenii*. Loven.

Quelques conchyliologues pensent que cette espèce ne diffère pas de la *Tylodina citrina* de Joannis ; mais la différence d'habitat, sans être une objection de premier ordre, est cependant de nature à infirmer cette opinion. Malheureusement l'espèce du nord n'a pas été figurée : à cette occasion, je dirai que c'est un reproche que l'on est en droit d'adresser aux naturalistes suédois, dont les travaux, tout consciencieux qu'ils sont, auraient souvent besoin d'être complétés par de bonnes figures.

Obtenir de ces messieurs la communication, le dessin des espèces, ou seulement quelques renseignements, n'est pas chose facile ; ou, du moins, en ce qui me concerne, j'ai échoué dans les démarches que j'ai tentées pour entrer en relation avec quelques-uns d'entre eux : je leur ai écrit, mais ils ne m'ont pas fait l'honneur de me répondre. Je ferai cependant une exception pour M. Danielssen, de Berghen, et pour M. Morch, de Copenhague, chez lesquels j'ai trouvé autant d'obligeance que de lumières.

Pileopsis *Hungaricus*. Lamarck.

J'ai reçu de l'Adriatique une jolie variété de cette espèce, comprimée latéralement, et ordinairement bien plus petite que l'espèce type. Je ne serais pas étonné que cette variété eût été confondue avec le P. *militaris* (Linné), que l'on a cité à tort comme appartenant aux mers d'Europe.

Lobiger *Philippii*. Krohn.
— *serra di falci*. Calcara.

J'ai admis en synonymie, dans mon catalogue, le nom de

serra di falci, donné par Calcara à cette coquille, bien que ce nom, composé de mots italiens, ne doive pas être adopté dans la nomenclature. J'ai fait cette exception seulement pour prouver que le mollusque dont il s'agit n'avait pas échappé aux recherches des conchyliologues de Sicile.

Scaphander *vestitus*. Philippi (Bulla).

Ce n'est pas sans quelque hésitation que j'ai inscrit cette espèce dans le catalogue, car je ne l'ai jamais vue, et je ne crois pas qu'elle ait été retrouvée depuis la découverte qu'en a faite Philippi.

Décrite par lui sur un exemplaire trouvé avec l'animal mort, cette coquille lui parut très-remarquable par sa coloration, qui, sur un fond brunâtre, présentait une sorte de réseau de lignes blanches très-élégant. Ce caractère semble exclure l'idée que cette coquille pourrait être un individu jeune du Sc. *lignarius ;* néanmoins, Philippi fait remarquer que l'animal du S. *vestitus* était en tout semblable à celui du S. *lignarius*.

De nouvelles recherches feront probablement retrouver ce mollusque, s'il existe réellement; sinon, il faudra bien le ranger dans la catégorie de ces espèces hasardées qu'on devra plus tard faire disparaître de la nomenclature.

Bulla *dilatata*. Leach.

Cette espèce, décrite pour la première fois par Leach comme appartenant aux côtes d'Angleterre, n'a été citée ni par MM. Forbes et Hanley, ni par M. Jeffreys, et il est probable qu'elle est rare par cette latitude.

On la trouve plus fréquemment sur les côtes occidentales de France, et M. Mac-Andrew l'a rencontrée aussi sur les côtes du Portugal. La *Bulla dilatata* est remarquable par la dilatation du bord droit de l'ouverture vers la base. Elle a été confondue à tort avec la *Bulla virescens* de Sowerby, laquelle est une coquille de l'océan Pacifique.

Une autre Bulla, la B. *elegans* de Leach (*folliculus* Menke), est aussi pour moi une espèce distincte, qu'on a quelquefois prise pour une variété ou un jeune âge de la B. *hydatis* Lin. Les deux Bulles dont il s'agit, les B. *dilatata* et *elegans*, appartiennent bien aux mers de l'Europe, et ne sont pas des espèces exotiques.

Volvula *acuminata*. Bruguière (Bulla).

M. Adams a institué le genre *Volvula* pour la *Bulla acuminata* de Bruguière, coquille énigmatique ballottée longtemps entre les Ovules et les Bulles, et qui doit définitivement conserver les affinités zoologiques pressenties par Bruguière. L'animal a été examiné par M. Loven, qui le considère sans la moindre hésitation comme identique à celui des *Cylichna*. Quant à la valeur du genre *Volvula*, elle me paraît suffisante comme coupe artificielle à introduire dans le groupe si nombreux et si varié des Bulléens, et je ne vois pas pourquoi on le repousserait du moment qu'on adopte les genres *Cylichna*, *Amphisphyra*, etc.

Natica *rizzæ*. Philippi.

Cette Natice, décrite par Philippi en 1844, dans le *Zeitschrift für Malakozoologie*, a été figurée par lui dans ses Abbildungen (pl. 2, fig. 5), et non dans son ouvrage sur les mollusques de Sicile. Il paraît que cette espèce a été décrite sur un exemplaire envoyé comme provenant de Sicile; mais il est probable que cet auteur a été induit en erreur relativement à l'habitat. Je n'ai jamais vu cette coquille parmi celles qui provenaient de cette localité, et je n'ai pas entendu dire qu'elle ait été trouvée par les nombreux collecteurs de Sicile ou de Naples. Je ne serais pas surpris que la *Natica* dont il s'agit fût, soit une coquille exotique, soit un individu anormal d'une espèce d'Europe.

Sigaretus *haliotoideus*. Philippi.

J'ai inscrit dans le catalogue une espèce du genre Sigaret d'A-
danson, sous le nom de *Sigaretus haliotoideus*.

Cette coquille n'est évidemment ni l'*Helix haliotoideus* de
Linné, ni le Sigaret d'Adanson, mais bien une espèce plus petite
et plus déprimée. Elle a été décrite par Philippi, à peu près en
même temps, dans son ouvrage sur les mollusques de Sicile et
dans ses Abbildungen, où il l'a fait figurer (pl. 1, fig. 6).

Quelques conchyliologues ont contesté la présence de ce mollusque dans les eaux méditerranéennes ; d'autres l'ont admise,
et je partage l'opinion de ceux-ci, non-seulement parce que l'autorité de Philippi a pour moi une grande valeur, mais encore par
cette raison que j'ai reçu de M. le général de Stefanis un exemplaire très-frais de la coquille dont il s'agit, laquelle avait été dra-
guée sur les fonds coralligènes de la baie de Naples. Cet exemplaire s'accorde parfaitement avec la description et la figure
données par Philippi.

M. Hidalgo, dans son catalogue des coquilles des côtes d'Espagne, admet un *Sigaretus haliotoideus* de Linné, et M. Mac-
Andrew le cite comme vivant sur les côtes du Portugal ; mais il
ne m'est pas bien prouvé que ce soit l'espèce de Philippi.

G. **Coriocella**. *Blainville*.

On ne trouve citées, dans la plupart des catalogues publiés en
Angleterre et en France, que deux espèces de ce genre, la C. *perspicua* (Lin.) et la C. *tentaculata* (Montagu). Les conchyliologues
se sont montrés fort embarrassés pour distinguer ces deux espèces,
et quelques-uns sont même disposés à croire que la C. *tentaculata*
ne serait que la coquille du C. *perspicua* femelle. J'avoue que je
ne suis pas en mesure de résoudre la question, sur laquelle je ne
puis qu'appeler l'attention des observateurs.

Divers auteurs, qui ont étudié plus spécialement les mollusques

des mers boréales, ont rapporté au genre Coriocelle plusieurs
autres espèces dont j'ai inscrit les noms dans le catalogue, mais
qui me sont inconnues. Il paraît, au surplus, que chez les animaux de ce genre, le têt se ressemble tellement qu'il est difficile,
sinon impossible, de reconnaître les espèces, et que c'est dans
l'organisation et dans la coloration du mollusque même qu'il
faut chercher les moyens de les distinguer.

Turbo *rugosus*. Linné.

Cette espèce, abondamment répandue dans la Méditerranée,
paraît avoir remonté, probablement le long des côtes du Portugal et de l'Espagne, jusqu'au fond du golfe de Gascogne. On la
trouve assez fréquemment sur les rochers des Asturies, de Saint-
Sébastien et à Biarritz : quelques naturalistes ont trouvé des
exemplaires, privés il est vrai de leur mollusque, sur les côtes
occidentales de la France.

Gyriscus *Jeffreysianus*. Tiberi.

On doit de très-intéressantes découvertes à notre savant ami,
le docteur Tiberi, et on peut mettre en première ligne la coquille
qu'il a décrite sous le nom générique de *Gyriscus*, qui est excessivement voisin du genre *Torinia*, établi par Gray aux dépens du
G. *Solarium* de Lamarck.

Le *Gyriscus Jeffreysianus* décrit et figuré dans le *Journal de
Conchyliologie* (vol. XVI, pag. 59, pl. 5, fig. 1) a été pêché par
des corailleurs sur les côtes de Sardaigne, où il paraît vivre au
milieu des coraux. Il est à remarquer que ce sont principalement
les fonds coralligènes qu'il faut explorer si l'on veut arriver à
découvrir quelques mollusques nouveaux.

G. Siliquaria. *Bruguière*.

Ce mollusque vit dans la Méditerranée, sur les côtes de Sicile et sur quelques autres points, où il est plus rare. On le retrouve sur la côte occidentale d'Afrique. C'est sans contredit une des espèces les plus curieuses du bassin méditerranéen, et elle semble être, jusqu'à un certain point, étrangère à la faune actuelle de nos mers.

G. Mathilda. *Semper*.

Ce genre a pour type une coquille méditerranéenne très-intéressante, décrite d'abord par Brocchi sous le nom de *Turbo quadricarinatus*, considérée ensuite par la plupart des nomenclateurs comme une Turritelle, puis rangée par M. Adams dans le genre *Eglisia* de Gray, et enfin adoptée par M. Semper comme type de son genre *Mathilda*.

L'existence d'un nucleus sinistral rapproche cette coquille de la famille des *Odostomia*, *Chemnitzia*, etc. ; néanmoins il reste à connaître l'animal, et c'est une lacune que je signale aux zoologistes italiens. L'examen du mollusque fera connaître si le caractère tiré du nucleus apical a une valeur constante, et si tous les genres qui le présentent doivent être rangés dans la même famille.

Eulima *cingulata*. Requien.

J'ai reçu, avec ce nom, une fort jolie coquille venant de Corse et qui se rapporte bien à l'espèce de Requien. Je l'ai conservée dans le genre *Eulima*, où cet auteur l'a placée ; mais elle semble se rapprocher davantage des Eulimella, avec lesquelles je l'aurais mise si j'avais été bien certain que ma coquille est réellement celle de Requien.

Pleurotoma *carinatum*. Bivona.

M. Philippi a décrit et figuré sous ce nom une coquille fossile de Monterosso (Moll., Sic., pl. 26, f. 19).

Je possédais depuis longtemps un exemplaire vivant de cette

espèce, lequel m'avait été donné comme provenant des mers du Nord ; mais cet habitat me paraissait très-contestable, lorsque M. Jeffreys nous a fait.connaître, dans un de ses intéressants fascicules, qu'il avait trouvé ce Pleurotome aux îles Shetland, dans le courant de l'année 1868.

Il est fort remarquable que plusieurs coquilles fossiles d'Italie ou de Sicile, n'existant plus dans les eaux méditerranéennes, se retrouvent aujourd'hui à .l'état vivant dans les mers du Nord. Indépendamment de l'espèce dont il s'agit ici, on cite les *Limopsis*, l'*Arca obliqua* de Philippi, la *Terebratula septata* du même auteur, comme présentant la même particularité. Reste à savoir pourtant si les espèces fossiles et les récentes sont réellement bien identiques.

Pleurotoma *teres*. Forbes.

Forbes, dans son mémoire sur les Invertébrés de la mer Égée (1844), a cité ce Pleurotome sans le décrire, mais en annonçant que sa diagnose allait être donnée, avec la figure, dans la monographie du genre Pleurotome de Reeve. En effet, celui-ci représentait presque en même temps un *Pleurotoma teres* de Forbes ; mais quelques années plus tard, MM. Forbes et Hanley, dans leur grand ouvrage sur les mollusques de la Grande-Bretagne, donnèrent, du Pleurotome dont il s'agit, une description détaillée et une figure fort différente du travail de M. Reeve, qui s'était très-probablement trompé de coquille, et avait figuré, dans sa monographie, quelque espèce exotique de plus petite dimension et de forme tout autre.

Il m'a paru important de signaler cette confusion, genre d'erreur qui malheureusement se rencontre parfois dans l'iconographie de Reeve. Le véritable P. *teres* de Forbes est bien celui qui est représenté dans les British mollusca. Ce mollusque, qu'on trouve dans les mers du Nord, et que M. Loven a nommé *Pleur.*

boreale, se rencontre aussi parfois dans la mer Méditerranée. M. Forbes l'a dragué dans l'archipel Grec; j'en ai vu des exemplaires recueillis à Naples, sur la côte de Tunis, et M. Brusina, qui l'a découvert dans l'Adriatique, l'a enrichi d'un nouveau nom, Pl. *Barbieri*.

G. Bela *Gray*,

J'ai adopté le *G. Bela* de Gray pour un certain nombre de coquilles qui, bien voisines de certaines *Mangelia*, m'ont cependant paru former un groupe assez distinct. Ces mollusques habitent les mers du Nord, et sont remarquables par leur ténuité. On a établi dans ce groupe un trop grand nombre d'espèces, et il règne dans leur classification une confusion que j'ai cherché à éclaircir, sans être bien certain d'avoir atteint le but.

M. Tiberi en a décrit une espèce, *Bela demersa*, d'après un individu trouvé dans les environs de Naples. J'avoue que j'éprouve quelques doutes sur la légitimité de cette espèce établie sur un exemplaire unique. M. Jeffreys, à qui le *Bela* de M. Tiberi avait été communiqué, a pensé que c'était le *Trophon Morchii* de M. Malm. Je ne pouvais songer à m'adresser à celui-ci; mais M. Morch a bien voulu m'envoyer une copie de la figure du *Trophon Morchii* (coquille fossile), et je l'ai transmise à M. le Docteur Tiberi, qui trouve des différences entre les deux espèces.

G. Chenopus. *Philippi.*

On connaît aujourd'hui trois espèces vivantes de ce genre dans les mers d'Europe :

1° Le *Chenopus Pes Pelicani* de Linné (*Strombus*), commun partout et bien caractérisé, bien que variable dans sa forme et pour la dimension ;

2° Le *Chenopus Serresianus* décrit par M. Michaud est remarquable par le nombre, l'élégance et la longueur de ses digitations. Cette espèce, qu'on n'a encore trouvée que dans la Méditerranée, paraît y vivre à d'assez grandes profondeurs, par des fonds coralligènes ;

3° Le *Chenopus Mac Andrewi*, ainsi nommé aujourd'hui par M. Jeffreys, et qu'on trouve sur la côte ouest des îles Shetland. Cette espèce avait été rapportée d'abord au *Chenopus pes cabbonis* de Brongniart, espèce fossile des environs de Bordeaux. On a reconnu depuis que ces deux espèces étaient différentes.

Purpura *Barcinonensis*. Hidalgo.

Cette coquille, décrite et figurée en 1867 dans le *Journal de conchyliologie*, n'est, en réalité, qu'une variété du P. *hœmastoma* (Lin.), espèce dont les formes, la dimension, la coloration, sont essentiellement variables. Déjà Calcara avait donné le nom de *gigantea* à une variété qu'il avait rencontrée sur les côtes de Sicile, et qui se rapproche de certains individus qu'on retrouve sur le littoral de l'Afrique occidentale. J'ai vu des exemplaires du P. *hœmastoma* provenant du Sénégal, et qui ressemblent beaucoup à la coquille figurée dans le *Journal de conchyliologie*. Il est probable que M. Hidalgo aurait hésité à élever sa coquille au rang d'espèce, s'il avait eu occasion de voir un grand nombre de spécimens de l'*hœmastoma*. Ce mollusque s'acclimate, et prospère sur des points souvent fort éloignés, où il vit dans des conditions très-diverses, ce qui explique les variations de formes de son têt.

G. Fusus. *Bruguière.* I

Ainsi que la plupart des nomenclateurs, j'ai compris, sous le nom générique de *Fusus*, un grand nombre de coquilles qui ne semblent pas devoir rester réunies. On peut dès à présent, et sur la simple inspection d'une collection un peu nombreuse, reconnaître deux coupes assez bien tranchées.

Dans l'une seraient placées les espèces méditerranéennes, qui sont les véritables Fuseaux, ayant pour types les F. *rostratus, syracusanus, pulchellus*, etc.

Dans l'autre section viendraient naturellement se ranger les espèces propres aux mers du Nord, c'est-à-dire les 17 premières espèces de mon catalogue, lesquelles sont remarquables par la présence d'un drap marin qu'on ne retrouve pas dans les Fuseaux du bassin méditerranéen.

Il doit exister évidemment entre ces deux groupes d'autres caractères distinctifs; mais ce n'est pas ici le lieu de chercher à les définir, et je me borne à appeler sur cet objet l'attention des conchyliologues.

J'ai fait figurer, dans le catalogue, deux Fuseaux, le F. *lachesis* et le F. *ebur* (Morch), bien que ces deux espèces n'aient pas encore été décrites; mais elles présentent un véritable intérêt; et M. Morch, ayant bien voulu m'en adresser la diagnose, je m'empresse de la transcrire, en attendant qu'une description plus détaillée, accompagnée de figures, paraisse dans le *Journal de conchyliologie*.

Fusus *Lachesis*. Morch.

Testa turrita, anfractibus 7-8, convexis, suturis profundis, conferte spiraliter liratis, liris alternatim minoribus sat expressis.

Apex fractus, sed verisimiliter ut F. propinquus : apertura brevis, vix tertiam partem longitudinis superans. Columella recta, canalis brevissima : epidermis coriacea, striis incrementi laminatis, in intersectionibus lirarum ciliis prodita.

Long. 44 mill.; — long. aperturæ cum canali 15 mill.; — alt. anfract. 8 mill.

Habitat. : Ikerasak (Groenl., Dan.), par 80 brasses de profondeur (M. Olrik, 1864).

Fusus *Ebur*. Morch.

Testa *ovato-fusiformis, candida, solida. anfract. 6, 6 1/2 modice convexi; sutura impressa fere canaliculata, lirœ spirales planœ, parum expressœ, alternatim sœpe minores, interdum obsoletissime undulatœ.*

Apertura piriformis : columella sigmoidea, labro crasso, candidissimo obtecta : Spira angigyra, apice impressa; epidermis cinerea, membranacea, glabra, sed forsan detrita.

Long. 74 mill. ; — long. aperturæ cum columella 35 mill.; — lat, 45 mill.; — alt. anfract. penult. 45 mill.

Habit. Groënland.

Var. Togata.

Testa *tenuis,* — long. 55 m. m.; — long. aperturæ 28 mill., *Epidermis coriacea, olivacea, striœ incrementi membranaceœ, in intersectionibus lirarum ciliis prodita.*

Habit. Groënland, et Inlebergen Halland (Suède).

Le *Fusus Ebur*, en raison de sa spire non mamelonnée, appartient à la section des F. *propinquus*, et serait le plus grand de ce groupe.

Fusus *Berniciensis*. King.

M. le docteur Fischer serait disposé à admettre cette belle espèce dans la zone celtique, et il se fonde à cet égard sur ce qu'on en a trouvé deux exemplaires, l'un dans le golfe de Gascogne, l'autre au large des côtes du Morbihan ; mais ces coquilles, dépourvues de leur mollusque, étaient frustes et dans cet état de détérioration résultat d'un long séjour sur le sol sous-marin, où ils auront été ballottés et traînés par les courants.

Je ferai remarquer qu'il ne s'agit pas ici d'un mollusque, mais simplement d'une coquille morte, dont on aurait trouvé deux exemplaires, en admettant encore qu'on ne se soit pas trompé dans la détermination : or, je répéterai, à cette occasion, que des découvertes de ce genre ne suffisent pas pour faire considérer un animal comme appartenant réellement à une zone déterminée. L'espèce dont il s'agit se trouve *vivante*, sur la côte Est des îles Shetland et à la côte nord de Norwége, et je ne crois pas qu'elle puisse être, quant à présent, admise dans la zone Celtique.

Fusus *fasciolarioides* et F. *Karamanensis*. Forbes.

Ces deux coquilles ont été décrites par Forbes dans son mémoire sur les invertébrés de la mer Ægée. On les a rapportées l'une et l'autre au Buc. *Leucozona* de Philippi (*Murex bicolor*. Cantraine). Les diagnoses de M. Forbes s'accordent bien, sur quelques points, avec la description de l'espèce de Philippi, mais elles en diffèrent par d'autres côtés. Il est d'ailleurs assez difficile d'admettre que les deux coquilles, distinguées par Forbes, se rapportent l'une et l'autre à une seule espèce. Dans le doute, j'ai cru devoir maintenir les deux coquilles dont il s'agit dans le genre *Fusus*, où l'auteur les a placées, tout en reconnaissant, je dois l'avouer, qu'elles me semblent plutôt appartenir au genre *Pisania*.

Fusus *fornicatus*. Fabricius.

Mon ami M. Morch m'a assuré que la coquille désignée sous ce nom par Fabricius est celle que Reeve a figurée dans sa monographie du genre *Fusus*, n° 39 *b*, comme étant une des nombreuses variétés du F. *despectus* du même auteur.

Je dois cette intéressante coquille à un officier de marine, M. E. Normand, qui, embarqué sur la corvette *la Recherche*, l'avait recueillie au Spitzberg avec d'autres espèces non moins rares, qu'il voulut bien aussi me donner. Aussi je saisis cette occasion de le remercier, en lui montrant que ses coquilles ne sont pas tombées en mains profanes.

Le commandant Sauvageot, mon gendre, m'a rapporté, à la

süite d'une campagne sur les côtes d'Islande, un assez bon nombre de *Fusus despectus*, parmi lesquels il y a un exemplaire grand, adulte, et même vieux, où je retrouve les principaux caractères extérieurs du F. *fornicatus* de Fabricius, figuré par Reeve.

Fusus *Holbollii*. Möller.

Möller a décrit cette espèce, en 1842, dans son *Index molluscorum Groenlandiæ*, sur un seul individu qui lui avait été communiqué par M. Holboll; mais il émettait en même temps quelques doutes sur la légitimité de son espèce, en disant que ce n'était peut-être qu'une variété du F. *Islandicus*, ou plutôt du F. *gracilis*.

M. Morch, qui a beaucoup étudié les mollusques des mers du Nord, croit que Möller a décrit son espèce sur un individu très-grand du *Fusus propinquus* d'Alder.

Dans le doute, et jusqu'à ce qu'on ait retrouvé le véritable *Fusus Holbollii* de Möller, j'ai cru devoir maintenir cette espèce dans la nomenclature.

Fusus *Kroyeri*. Möller.

Espèce qui fait en quelque sorte passage entre le G. *Fusus* et le G. *Trophon* : je crois qu'elle n'a encore été trouvée qu'au Spitzberg.

Je ne connais de cette coquille qu'une seule figure, celle du *Fusus arcticus*, nom donné à l'espèce de Möller par Philippi dans ses Abbildungen, pl. V, fig. 5.

Fusus *borealis*. Philippi.

M. Philippi a décrit sous ce nom, dans ses Abbildungen (pl. 5, fig. 2), un Fuseau qu'on trouve sur les côtes du Spitzberg. C'est une des belles espèces que je dois à l'obligeance de M. E. Normand, et qu'il avait recueillie dans la même localité, alors qu'il était embarqué sur la corvette *la Recherche*.

Cette coquille est regardée par quelques conchyliologues comme une variété du F. *despectus* de Fabricius.

Il y aurait une étude très-intéressante à faire sur ce groupe de mollusques ; malheureusement les mers polaires sont d'un très-difficile accès, et ont été fort peu explorées au point de vue malacologique.

Fusus *Spitzbergiensis*. Reeve.

Cette espèce, décrite et figurée dans le voyage de Sutherland, m'est inconnue, et je la cite d'après une note que M. Morch m'a communiquée. Elle se rapprocherait, d'après lui, de son *Fusus lividus*, qui se trouve décrit et figuré dans le *Journal de conchyliologie*, vol. X, pag. 36, pl 1, fig. 1. Cette dernière espèce venait de Terre-Neuve.

Tritonium *fusiforme*. Kiener (*Buccinum*).

M. Martin, de Martigues, a reconnu cette coquille, que les pêcheurs trouvaient par d'assez grandes profondeurs dans le golfe de Lyon. Elle a beaucoup de rapports avec le *Buccinum Humphreysianum*, décrit par Bennett dans le *Zoological Journal* (vol. I, pag. 398, pl. 22), et M. Jeffreys est porté à croire que ces deux espèces sont identiques. Je ne partage pas tout à fait cette opinion : la coquille méditerranéenne est plus courte, plus ventrue, et moins régulière dans sa forme générale.

Si l'opinion du savant conchyliologue de Londres était fondée, il faudrait admettre que le B. *Humphreysianum*, transporté vivant sur la carène de quelque navire venu des mers du Nord, se serait établi dans les eaux voisines de Martigues, où il aurait subi depuis quelques modifications dans sa forme. Cette supposition expliquerait peut-être ce fait assez remarquable que le T. *fusiforme* semble être localisé sur ce point assez circonscrit des côtes de Provence, car on ne l'a trouvé jusqu'à présent dans aucune autre partie du bassin méditerranéen.

Je saisis l'occasion qui se présente de remercier M. Martin de l'obligeance qu'il a mise à me faire connaître cette intéressante coquille.

Triton *variegatum*. Philippi.

M. Philippi a donné à un Triton un nom, *variegatum*, attribué par Lamarck à une espèce assez commune aux Antilles; toutefois Philippi ne paraît pas l'avoir trouvé, et ne le cite que sur l'autorité de M. Bivona, dans la collection de qui se trouvait un exemplaire de cette coquille pêchée à Panormi. Elle a été retrouvée depuis, et j'en ai reçu plusieurs individus. Je n'oserais assurer que la coquille méditerranéenne et celle des Antilles sont identiques, et j'ai vu mon incertitude partagée par plusieurs conchyliologues.

L'espèce de la Méditerranée est assez variable, suivant son âge : très-jeune, elle semblerait se rapprocher du *Triton nodiferum*, tandis qu'adulte, et surtout très-vieille, elle ressemble beaucoup à la coquille des Antilles.

La question qui s'élève à ce sujet est d'autant plus digne d'attention qu'il s'agit d'une grosse et lourde coquille, dont le transport, avec son mollusque, à une distance éloignée, ne peut être facilement expliqué.

C'est maintenant aux conchyliologues de Naples et de Sicile à étudier de nouveau l'espèce qu'ils ont sous la main, et à dire ce que nous devons en penser.

Cassidaria *Thyrrena*. Chemnitz.

La distribution géographique de cette espèce est fort remarquable : elle a été regardée longtemps comme appartenant exclusivement à la mer Méditerranée, où on la trouvait même cantonnée dans un petit nombre de localités. Il y a quelques années, des naturalistes de l'ouest de la France, à leur grande suprise, l'ont rencontrée sur leur littoral, M. Tasté sur les côtes du Morbihan,

M. Cailliaud sur celles de la Loire-Inférieure, M. Beltremieux plus bas, M. Fischer dans le golfe de Gascogne : il a vu dans l'aquarium d'Arcachon dix-sept individus vivants de cette Cassidaire, qui avaient été pêchés au large par cinquante brasses environ de profondeur avec le *Cassis Saburon*.

La *Cassidaria echinophora* n'a pas pénétré dans les mêmes parages, et ne paraît pas, du moins jusqu'à présent, être sortie de la Méditerranée. Cette particularité corrobore l'opinion des personnes qui séparent les deux espèces.

Nassa *limata*. Chemnitz.

On trouve dans la Méditerranée, notamment sur les côtes de Sicile, une coquille que l'on a rapportée pendant longtemps au *Buccinum prismaticum* de Brocchi, mais qui en diffère par des caractères essentiels. La coquille de Brocchi est uniquement fossile.

L'autre est le *Buccinum limatum* de Chemnitz (Vol. X, pl. 188, fig. 1808-1809). Les individus qui vivent dans les eaux de la Sicile acquièrent jusqu'à 22 millimètres de longueur, et probablement même plus, car je ne suppose pas qu'on m'ait envoyé les plus grands.

Il existe une variété beaucoup plus petite (12 à 15 millim.), que M. Martin a rencontrée assez fréquemment aux environs de Martigues, par de grandes profondeurs, ou dans l'estomac de certains poissons ; cette variété, moins colorée, assez transparente, m'avait été adressée par M. Martin, qui l'avait parfaitement reconnue pour être la N. *limata* de Chemnitz. Toutefois la variété dont il s'agit, à en juger du moins par les individus que j'ai eus sous les yeux, ne paraissait pas complétement formée, et semblerait appartenir à un mollusque placé dans de mauvaises conditions pour se développer.

On a quelquefois donné par erreur dans des catalogues le nom de *Buc. prismaticum* à des variétés du B. *reticulatum* (Nassa reticulata).

G. Nassa. *Lamarck.*

M. Hidalgo, dans son catalogue des mollusques des côtes d'Espagne, s'en rapportant à M. Mac Andrew, cite comme vivant à Gibraltar le *Buccinum modestum* décrit en 1835 par M. Powis dans les *Proceedings* de la Société zoologique de Londres, et figuré depuis par Reeve dans sa monographie du G. Buccin, pl. 4, fig. 19.

Il y a là évidemment une méprise ; le B. *modestum* est une coquille des mers du Sud, côte de l'Amérique Centrale, et ne se trouve pas dans les mers d'Europe. Il est probable que la coquille de M. Mac Andrew est une variété, ou un individu décoloré du *Pisania Dorbignyi* de Payraudeau.

Mitra *plicatula*. Brocchi.

J'ai rapporté à cette espèce, coquille fossile de Brocchi, une Mitre récente que j'ai reçue de M. le général de Stefanis, de Naples, et qu'il m'a dit provenir des côtes de Tunis. J'avoue néanmoins que j'ai quelques doutes sur l'exactitude de ma détermination. En général, j'éprouve une grande hésitation quand il s'agit de reconnaître dans une coquille fossile une espèce vivante aujourd'hui. « Soyez toujours en garde contre ces rapprochements, » me disait un jour le savant docteur Beck, dont l'opinion en pareille matière peut faire autorité.

En ce qui concerne la mitre de Tunis, ce n'est peut-être qu'une variété étroite, allongée, de la *Mitra Ebenus.*

Mitra *zonata*. Risso.

Cette coquille est le rêve et en même temps le désespoir de l'amateur. Elle n'a été trouvée, dit-on, que deux fois, d'abord à Toulon, puis sur les côtes de Sicile par M. Maravigna, qui lui donna le nom de M. *Santangeli*. Ces faits ébranlent jusqu'à un certain point mon système relativement à la rareté des individus de chaque espèce ; aussi me suis-je demandé plus d'une fois si la *Mitra zonata* habite bien réellement les eaux méditerranéennes, et si ce ne serait pas plutôt une coquille exotique (dont elle a tout le faciès) que le hasard aurait jetée sur notre littoral.

Peut-être aussi faut-il voir dans cette intéressante espèce un des restes d'une forme antérieure à la faune méditerranéenne actuelle ; ainsi que je l'ai dit plus haut, je suis très-disposé à croire qu'à une époque où cette mer présentait des conditions de température, ou autres, différentes de ce qu'elles sont aujourd'hui, elle était peuplée de races qui auront successivement disparu, à l'exception de quelques mollusques qui ont survécu, mais ne se maintiennent que difficilement, et finiront eux-mêmes par s'éteindre.

G. Simnia. *Risso.*

J'ai admis le genre *Simnia* de Risso, sans être bien convaincu que ce soit un genre distinct du G. *Ovula :* ces mollusques paraissent avoir les mêmes habitudes, et vivent sur les polypiers flexibles par des fonds coralligènes.

Les deux *Simnia* décrits par Risso ne forment réellement qu'une seule espèce, que l'on a trouvée à Nice, en Corse, à Naples et en Sicile. M. Hidalgo ne la mentionne pas dans son catalogue des mollusques testacés des côtes d'Espagne.

Je rattache à ce groupe la coquille que Pennant avait nommée *Ovula patula,* et qui se trouve sur les côtes sud de l'Angleterre par 20 brasses de profondeur. Cette coquille est bien une espèce distincte, et non une variété ou un jeune d'une autre espèce.

Pedicularia *Sicula.* Swanison.

Ce mollusque, nommé depuis *Thyreus paradoxus* par M. Philippi, n'a été, je crois, rencontré que sur les côtes de Sicile, où il paraît vivre sur certains polypiers flexibles, peut-être aux dépens de ces zoophytes.

On a souvent cherché quelle place ce mollusque devait occuper [1] dans la nomenclature ; on l'a rapproché des Calyptrées, des Siphonaires, et enfin dans les derniers temps des Ovules, avec lesquelles il a d'assez grandes affinités, et qui vivent aussi sur des gorgones.

Conus *Mediterraneus*. Linnée.

Le genre Cône serait complétement étranger aux mers d'Europe, s'il n'en existait pas une espèce dans la Méditerranée, où elle n'est peut-être, avec quelques autres mollusques testacés, qu'un reste d'une ancienne faune, qui tend à disparaître entièrement par quelque cause qui nous est inconnue.

Ce Cône, qui est abondant sur divers points du bassin méditerranéen, varie peu dans sa forme, mais beaucoup dans sa coloration, circonstance qui a été mise à profit par diverses personnes, et notamment par M. l'abbé Chiereghini, qui n'a pas établi moins de onze espèces prises au hasard dans les variétés de coloration de cette coquille : je me suis dispensé, comme on doit bien le croire, d'encombrer ma synonymie de ces onze noms nouveaux et inutiles.

Cypræa *Moneta*. Linné.

J'ai compris cette espèce au nombre des coquilles exotiques citées mal à propos comme appartenant aux mers d'Europe, et je crois devoir maintenir cette opinion ; mais il se produit, à l'égard de cette petite porcelaine, des faits qui méritent de fixer l'attention ; ainsi, par suite de circonstances qu'on a peine à expliquer, cette coquille a été trouvée sur un grand nombre de plages des côtes d'Europe :

Par M. Maravigna, en *Sicile*,

Par M. Philippi, à *Siracuse*, à *Panormi ;*

Par MM. Payraudeau et Requien, en *Corse ;*

Par M. Martin, *sur les côtes de Provence;*

Par M. Hyndman (Jeffreys), en *Angleterre;*

Par M. Weinkauff, en *Algérie;*

Selon M. Hidalgo, *sur les côtes d'Espagne.*

Toutefois, il paraît certain que cette coquille n'a jamais été rencontrée pourvue de son mollusque, ce qui constitue déjà une forte présomption que celui-ci ne vit réellement pas dans nos mers. On explique, d'un autre côté, la rencontre si fréquente de la coquille, par ce fait qu'elle a servi longtemps de monnaie dans les relations commerciales des Européens avec les noirs de la côte occidentale d'Afrique, qu'il a dû s'en trouver d'assez grandes quantités à bord des navires qui se livraient à ce commerce, et que bon nombre de ces bâtiments s'étant perdus, leurs cargaisons de porcelaine-monnaie se sont dispersées dans les parages où on les retrouve aujourd'hui.

INSTRUCTION

SUR LA RECHERCHE DES COQUILLES.

Ainsi que j'en ai fait l'observation dans un des articles qui précèdent, les mers d'Europe ont été trop souvent et trop soigneusement explorées pour que l'on puisse espérer y trouver désormais beaucoup de mollusques nouveaux. Ce point est incontestable en ce qui concerne les espèces de grande dimension. De longtemps, je crois, on ne rencontrera une coquille aussi importante que le beau *Cardium hians*, dont la découverte remonte à 1840, et est due à mon ami le capitaine *Jeangérard*, qui l'obtint, à l'aide de la drague, à sept ou huit lieues de Bône (Algérie).

Ce ne sera même qu'à de rares intervalles qu'on rencontrera des coquilles nouvelles de dimension moindre, telles que le *Phorus mediterraneus*, la *Scalaria soluta*, le genre *Gyriscus*, que nous devons au docteur Tiberi ; mais ce sera parmi les espèces petites et parmi les microscopiques qu'on pourra découvrir un certain nombre de mollusques qui, vivant à de grandes profondeurs ou sur des fonds d'un difficile accès, auront longtemps échappé aux recherches des naturalistes ; c'est donc de ce côté que doit se porter l'attention de ceux-ci, et c'est pour les aider dans leurs investigations que j'ai cru devoir ajouter à mon catalogue une courte instruction, dont le mérite revient, avant tout, à ceux de nos infatigables confrères qui se sont montrés hommes pratiques, habiles pêcheurs, autant que savants et bons observateurs. '

C'est avec reconnaissance que je citerai parmi ceux qui sous ce rapport ont rendu, dans les dernières années, d'incontestables services à la conchyliologie :

En Angleterre, MM. Jeffreys, Mac Andrew et Hanley ;

En France, MM. Cailliaud (de Nantes), Martin (de Martigues), Lafont (d'Arcachon) :

En Italie, MM. Philippi, le docteur Tiberi, M. Benoît (de Messine).

On ne connaît pas encore assez les habitudes et le genre de vie des mollusques pour pouvoir donner des indications précises sur les retraites qu'ils affectionnent, et qui échappent matériellement aux regards de l'homme. Toutefois on connaît, sur cette matière, quelques faits particuliers qui ne sont pas sans intérêt, et qu'il ne faut pas perdre de vue.

On sait, par exemple :

1° Que le mode d'alimentation des animaux dont il s'agit est déjà un indice qui doit mettre sur la voie pour parvenir à les trouver ;

2° Que l'habitation de plusieurs d'entre eux varie suivant les saisons, et qu'ils se cachent souvent dans le sable pendant l'hiver ;

3° Que beaucoup de mollusques sont nocturnes, et cherchent leur pâture principalement dans les ténèbres ;

4° Que la saison des amours, puis celle du frai, sont les plus favorables pour leur capture ;

5° Que certaines espèces se plaisent ensemble, et se réunissent en petites colonies, sur des points souvent assez circonscrits.

Au nombre des moyens en usage pour aller saisir les mollusques qui vivent habituellement par de grands fonds, je mettrai
en première ligne l'emploi de la drague, engin trop connu pour
que j'aie besoin d'en donner ici la description.

Les régions sous-marines les plus riches en mollusques, c'est-
à-dire celles qu'il faut explorer de préférence, sont les fonds de
sable, de sable vaseux, et surtout les fonds herbiers. On a remarqué que certains plateaux ou hauts fonds situés à quelque
distance des côtes présentent des conditions très-favorables à
l'existence et à la multiplication de diverses familles de mollusques :
c'est sur ces points qu'un collecteur intelligent devra promener
sa drague.

La vitesse à donner au bateau dragueur ne doit pas dépasser
un nœud : avec une vitesse plus grande, le couteau ne ferait que
sautiller sur le fond. Il faut aussi draguer en remontant les
pentes du sol : l'opération faite en sens inverse serait sans résultat, parce que l'instrument glisserait sans mordre le terrain.

Il conviendra de ramener la drague dans le bateau, lorsque la
raideur de la corde indiquera qu'elle est suffisamment chargée ;
rentrée à bord, elle devra être vidée avec soin, et le produit du
dragage sera examiné avec la plus grande attention ; les vases,
le sable, seront lavés avec précaution, lentement, et il sera essentiel
d'étudier, avec l'aide d'une bonne loupe, ce qui restera après des
décantages successifs. Quelques personnes font aussi usage d'un
tamis pour cette opération.

Comme un conchyliologue n'a pas toujours à sa disposition
une embarcation et une drague pour se livrer personnellement
à ce genre de recherches, il devra recourir, dans ce cas-là, à
l'assistance des pêcheurs qui se servent d'une grande drague,
connue en France sous le nom de chalut, pour prendre les poissons de fond ou pour recueillir des huîtres.

On a souvent aussi obtenu des espèces petites, mais d'un grand intérêt, en descendant au fond de la mer une sorte de sonde, creuse en dessous et garnie de suif ou de tout autre corps gras, dans lequel s'incrusteront les corps légers qui se trouveront à l'endroit où la sonde se sera appuyée.

Sur certains points de la Méditerranée, où croissent et se développent des éponges et des coraux, des marins, dans le but de se procurer ces objets de commerce, ont recours à des moyens spéciaux, et arrachent en même temps au sol sous-marin des coquilles d'autant plus précieuses qu'on ne pourrait les obtenir par une autre voie ; on ne saurait trop recommander aux conchyliologues qui habitent les bords du bassin méditerranéen d'entrer en relation avec ces utiles auxiliaires, connus sous le nom de corailleurs.

On a encore dans certaines localités, notamment aux Antilles, employé avec succès des appâts composés de matières animales qui, attachées à un filet ou dans une nasse et descendues au fond de la mer, attirent les mollusques carnivores ; ces sortes de piéges, placés le soir à une certaine distance de la côte et retirés le matin, se sont souvent trouvés couverts d'animaux adhérant fortement à leur proie.

Les divers moyens que je viens d'indiquer, et qui sont destinés à agir à des profondeurs plus ou moins considérables, sont, à la vérité, ceux qui offrent les meilleures chances de découvrir des mollusques nouveaux pour la science, ou au moins des espèces rares ; mais des recherches dirigées avec intelligence et faites par des eaux moins profondes, et même simplement sur une plage sablonneuse ou sur des roches baignées par la mer, ont fréquemment amené d'excellents résultats, et je recommande d'autant plus volontiers ce genre d'investigation, qu'il est à la portée de tous, très-facile et peu coûteux.

Ainsi, par exemple, à la suite d'une tempête qui aura profondément remué le sol et soulevé les fonds de sable ou de vase, il sera très-important de parcourir le littoral, où l'on trouvera bon nombre de mollusques arrachés à leurs retraites et rejetés à moitié morts sur la plage avec des débris qu'il sera bon d'inter- roger avec soin. Il n'est pas besoin de dire que ce genre d'inves- tigation doit être pratiqué promptement, à basse mer, et sans attendre qu'une marée nouvelle ait fait disparaître ces traces du mauvais temps.

Le long du littoral, dans une zone d'une largeur peu étendue et sur certains fonds favorables, végètent une grande quantité de plantes marines sur lesquelles vivent de nombreux mollusques, espèces petites, très-variées dans leurs formes, et parmi lesquelles se trouvera parfois quelque objet nouveau pour la science. C'est là que se rencontrent la plupart des genres *Rissoa*, *Odostomia*, *Chemnitzia*, et autres familles voisines qui semblent appartenir plus spécialement aux mers d'Europe.

M. Jeffreys, en explorant la partie des côtes d'Italie située entre Gênes et la Spezzia, avait remarqué qu'il trouvait une infi- nité de petites espèces vivant en familles sur les fucus, algues, conferves et autres plantes qui tapissent le fond de la mer. Comme il lui était impossible de procéder immédiatement à la récolte et au triage de ces coquilles plus ou moins microscopiques, il faisait recueillir les plantes que rapportait la drague, et les faisait mettre, à leur sortie de l'eau, dans un baquet d'eau de mer, afin de con- server ces mollusques vivants jusqu'au retour à terre. A son ar- rivée, M. Jeffreys emportait ces plantes enveloppées dans une toile, les plaçait successivement sur un crible en toile métallique à mailles fines qu'il plongeait dans l'eau douce; cette immersion faisait périr promptement les animaux, qui tombaient dans le crible; il secouait celui-ci sur une feuille de papier, et, après avoir exposé ce résidu aux rayons du soleil pour le sécher, il séparait les petites coquilles des débris de plantes, et procédait ensuite avec soin au triage des espèces.

M. Jeffreys, qui a rendu tant de services à la conchyliologie,
à bien voulu, dans le temps, donner communication du procédé
que je viens d'indiquer, et que je signale de nouveau à l'attention
des naturalistes qui habitent le littoral maritime : ils n'auront
peut-être pas toujours assez de loisir pour se livrer à ce genre de
recherches ; mais ils trouveront du moins facilement des pêcheurs
disposés à recueillir à bord de leur bateau, et à rapporter avec
les précautions convenables, des plantes marines draguées à des
profondeurs différentes.

Il faut chercher les mollusques riverains sur les roches et les
récifs que la mer laisse à découvert, et suivre pour cela le flot à
mesure qu'il se retire, en ayant soin de retourner les pierres de
toute dimension, principalement celles autour desquelles reste un
peu d'eau ; il est bon aussi d'y fouiller le sol à une certaine profondeur.

On trouvera, en outre, à mer basse des coquilles cachées dans
les plages sablonneuses ou vaseuses : leur présence s'y décèle ordinairement par de petites bulles d'air qui crèvent à la surface
du sol, par de petites élévations coniques, des trous, des espèces
de sillons dans le sable ; en creusant à quelques centimètres de
profondeur, on découvrira le mollusque vivant ; une petite
pioche ou un simple ciseau de menuisier suffit pour ce travail,
qu'il importe d'exécuter d'une manière brusque et prompte ; ce
sont surtout les bivalves qu'on obtiendra de cette manière.

Un très-grand nombre de petits mollusques vivent dans les
sables ou sables vaseux que recouvre la mer. Pour se les procurer on devra se rendre à la limite extrême des basses marées,
et recueillir une certaine quantité de ce sable ; on le placera sur
un crible, ou réseau à mailles serrées, et on le tamisera en em-
ployant l'eau pour entraîner plus promptement les parties vaseuses. On trouvera, dans le résidu restant à la suite de cette
opération, une infinité de coquilles petites ou microscopiques

d'un grand intérêt. On ne saurait trop recommander cette méthode, qui n'entraîne ni frais ni fatigues.

M. Martin a aussi obtenu d'heureux résultats en scrutant avec soin l'intérieur des oursins, ainsi que l'estomac des ascidies ou autres animaux mous, qui lui étaient apportés du large par les pêcheurs de Martigues. Il s'est aussi procuré des coquilles précieuses en fouillant l'estomac et les intestins de certains poissons du genre *trigla*, qui se nourrissent habituellement de crustacés, d'astéries, et surtout de coquillages vivant à de grandes profondeurs.

Tout objet flottant ou rejeté par le flot sur la plage devra être examiné avec attention : il en est peu qui, ayant séjourné dans l'eau pendant quelque temps, ne servent d'habitation à quelques mollusques perforants ou autres.

Certains acéphales pénètrent et vivent dans les roches calcaires, dont il importe d'examiner attentivement la surface : des trous plus ou moins réguliers, des tubes formés par les mollusques, indiquent la présence d'une coquille, qu'on obtiendra en cassant la pierre avec précaution.

Quelques mollusques ont des habitudes toutes particulières et qui tiennent sans doute aux nécessités d'une organisation spéciale : ainsi ç'est sur les polypiers flexibles ou autres qu'il faut chercher les *Ovula*, les *Trivia*, les *Pedicularia*, etc. D'autres sont parasites comme le *Stylifer Turtoni*, qui vit sur les oursins, et certaines petites bivalves qu'on trouve attachées par un byssus aux épines de ces mêmes oursins.

On sait qu'un assez grand nombre de mollusques appartenant aux genres *Mytilus*, *Ostrea*, *Cardium*, *Lithodomus*, *Tapes*, *Littorina*, etc..., sont très-estimés des gourmets, et font l'objet d'un commerce considérable. Draguées ou ramassées sur les côtes par les pêcheurs et les femmes des marins, ces coquilles sont portées sur les marchés du littoral, qu'il sera bon de visiter souvent, car parmi ces espèces communes le conchyliologue aura des chances d'en rencontrer, qui seront plus rares et plus précieuses pour lui.

La mer offre encore des objets d'un véritable intérêt pour le zoologiste, et qui cependant échappent souvent à l'attention des collecteurs, parce qu'au premier aspect ces objets ne semblent pas appartenir au domaine de la conchyliologie; je veux parler des œufs des mollusques, généralement contenus dans une enveloppe formée d'une membrane coriacée, jaunâtre, plus ou moins transparente, et assez semblable à du parchemin quand elle est desséchée.

Ces enveloppes, qui affectent des formes très-variées, se rencontrent rarement libres, mais plus souvent attachées par un pédoncule, soit en groupe, soit séparées, sur des plantes marines, sur des pierres, mais principalement sur des fragments de valves ou de coquilles frustes.

Je crois devoir insister près des naturalistes collecteurs, pour qu'ils ne négligent aucun moyen de se procurer les objets dont il est question, parce que tout ce qui concerne l'histoire embryonnaire des mollusques est encore enveloppé d'une grande obscurité, et parce que, selon toute apparence, cette étude fournirait des données importantes pour arriver à mieux distinguer et grouper les familles, les genres et même les espèces.

Je termine ici ma notice sur la recherche des mollusques en exprimant le vœu que ceux à qui elle s'adresse y trouvent quelque chose d'utile; mais je suis convaincu à l'avance que l'expérience et leur intelligence leur seront encore d'un plus puissant secours pour obtenir des résultats favorables aux progrès de la science.

REPRODUCTION

DES DIAGNOSES DES COQUILLES

DÉCRITES PAR REQUIEN

Dans son Catalogue des mollusques de la Corse.

On sait que M. Requien, botaniste distingué, s'étant rendu, en 1822, dans l'île de Corse, s'y occupa aussi, dès cette époque, de l'étude des mollusques. Il reprit plus tard le cours de ses recherches conchyliologiques, aidé dans cette tâche par un assez grand nombre d'amateurs qui habitaient cette île. Requien parvint ainsi à réunir une riche collection qu'il détermina avec soin, et qu'il remit au musée de la ville d'Avignon.

Ce zélé naturaliste se proposait de rédiger, d'après ces matériaux, un travail descriptif complet; mais, obligé de l'ajourner, il voulut du moins donner provisoirement un aperçu des richesses conchyliologiques de la Corse, et, en 1848, il publia, à Avignon, un catalogue de toutes les coquilles qu'il avait trouvées. A la nomenclature des objets, il ajouta une courte phrase caractéristique pour chacune des espèces qu'il croyait nouvelle.

Malheureusement, peu de temps après, Requien retourna en Corse pour s'y livrer à de nouvelles recherches comme botaniste, et, frappé, dit-on, d'insolation, il y périt victime de son zèle pour les progrès de la science. Il avait, par précaution, prescrit à l'administration du musée d'Avignon de remettre sa collection de coquilles à M. Moquin-Tandon, professeur à Toulouse, lequel devait, en cas de malheur, se charger du travail projeté par Requien. M. Moquin, ayant été appelé à Paris, laissa les coquilles à Toulouse, abandonna la mission qui lui était confiée, et remit le tout à une personne qui, trouvant la tâche au-dessus de ses forces, ne s'en occupa nullement.

Il ne reste donc, en définitive, d'autre résultat des travaux de notre infortuné compatriote que le catalogue publié par lui en 1848, et dans lequel se trouvent les diagnoses malheureusement trop courtes des espèces qu'il regardait comme inédites.

De ces coquilles incomplétement décrites, je suis parvenu à en découvrir quelques-unes, et j'espère arriver à retrouver les autres, car je tiendrais à sauver de l'oubli l'œuvre d'un naturaliste dont les services ont été si mal appréciés. Le catalogue qu'il a laissé, et qu'il s'agit de commenter et de compléter, a été tiré à un petit nombre d'exemplaires; il ne s'en trouve plus dans le commerce, et ceux qu'on rencontre dans les ventes y montent à un prix très-élevé. Or, il m'a paru que c'était rendre un service aux conchyliologues que de reproduire textuellement, à la suite de mon propre travail, les diagnoses données par Requien pour les espèces qu'il avait découvertes.

Voici ces diagnoses :

Tellina *ovalis*. **R.**

Testa ovata, solidula, compressa, transversim striata, opaca, albida, umbonibus carneis.

Long. 25 mill., — lat. 42 mill., — crass. 10 mill.

Hab. Ajaccio. Rare.

Tellina *elongata.* R.

Testa oblonga, pellucida, fragili, carnea, albo nebulose radiata, striata, compressa, latere antico rotundato, postico paulo breviore, elongato, rostrato.

Long. 12 mill., — lat. 27, — crass. 4

A. T. *depressa* differt forma, colore, striis, etc.

Hab. Ajaccio. R.

Tellina *bicolor.* R.

Testa orbiculato-triangulari, solidula, convexiuscula, striata, postice rotundata, antice parum rostrata, umbonibus rubris, basi concentrice albida.

Long. 10 mill., — lat. 12, — crass., 5.

Var. carnea.

Var. flavida.

Hab. Ajaccio. R.

Donax *brevis.* R.

Testa ovata-oblonga, lœvi, depressa, exilissime longitudinaliter striata, fulva, albo radiata, latere antico recto, postico breviore rotundato acuto.

Long. 9 mill., — lat. 14, — crass. 4.

Hab. Ajaccio.

Cytherea *Dianœ.* R.

Espèce fossile ou subfossile, qui se trouve dans l'étang de Diane, près d'Aleria, et que Requien ne croit pas décrite.

Testa ovata, trigona, crassa, inœquilatera, tumida, gibbosa, concentrice striata.

Long. 50 mill., — lat. 65, — crass. 33.

Venus *Duminyi.* R.

Testa parva, rotundata, subtrigona, aurantiaca, œquila-

*tera, compressa, transversim striato-lamellosa, intus auran-
tiaca, longitudinaliter obsolete striata.*

Long. 9 mill., — lat. 12, — crass. 3.

Hab. Ajaccio. *Rar.*

Venus *Busschaerdi.* R.

*Testa parva, rotundato-ovata, rubra, ad umbones et intus
valde aurantiaca, æquilatera, compressa, transversim tenue et
irregulariter costata.*

Valde similis præcedenti, sed differt.

Long. 9 mill., — lat. 11, — crass. 3.

Hab. Ajaccio. *Rar.*

Venus *Philippiæ.* R.

*Testa parva, subrotundo-ovata, subæquilatera, alba, com-
pressa, transversim regulariter costata, costis elevatis sublamel-
losis.*

Long. 12 mill., — lat. 15, — crass. 5.

Var. intus citrina.

Hab. Ajaccio. *Rar.*

Venus *picturata.* R.

*Testa parva subrotundo-elliptica, obliqua, inæquilatera, alba,
lineis undulatis, rufis, approximatis picta, tenuissime transversim striata, lunula violacea.*

Long. 9 mill., — lat. 10, — crass. 5.

Hab. Ajaccio. *Rar.*

Venus *Pallei.* R.

*Testa ovata, utrinque rotundata, tumida, inæquilatera, pallide
subfusca, albo-zonata, tenuissime et inæqualiter striata, lunula
elongata.*

Long. 14 mill., — lat. 20, — crass. 8.

Hab. Ajaccio, Bonifacio. *Rar.*

Cardita *elegans.* R.

Testa subcordata, alba, inæquilatera, costis circa 18 eleganter muricatis.

Long. 7 mill., — lat. 7, — crass. 5.

Hab. Ajaccio. *Rar.*

Lithodomus *inflatus.* R.

Testa oblonga, inflata, gibbosa, ad basim latiore. Differt forma, magnitudine, etc., a L. *lithophago.*

Long. 90 mill., — lat. 28, — crass. 20.

Hab. . . . . . .

Mytilus *cylindraceus.* R.

Testa minuta, oblonga, cylindracea, recta.

Long. 15 mill., — lat. 6, — crass. 6.

Hab. Bonifacio.

Gadinia *depressa.* R.

Testa ovata, depressa, alba, pellucida, striis longitudinalibus transversisque cancellata, vertice centrali, impressione musculari continua.

Long. 11 mill., — lat. 9, — altit. 2.

Hab. Lavesi. *Rar.*

Gadinia *lateralis.* R.

Testa alba, pellucida, valde elevata, oblique conica, striis longitudinalibus transversisque decussata, vertice subcentrali prope marginem inclinato, impressione musculari continua.

Long. 7 mill., — lat. 5, — alt. 4.

Hab. Lavesi. *Rar.*

Tylodina *Rafinesquii.* Philippi.

Testa brunnea, vertice luteo... an *Tylodina citrina.* Joannis?

Fissurella *Philippii*. R.

Testa ovato-oblonga, depresso-conica, lucida, rubra, albo-radiata, striis longitudinalibus, transversisque raris decussata, foramine oblongo-ovato.

Long. 9 mill., — lat. 5, — alt. 2.

Hab. Ajaccio. *Rar.*

Celeberr. auctori enumerationis molluscorum Siciliæ dicta. An *Pat. rosea?* ejusdem, non Lamarck.

Bulla *semistriata*. R.

Testa minuta, ovata, ventricosa, nitida, lactea, hyalina, utrinque attenuata, superne inferneque striata, in medio lœvis.

Long. 5 mill., — lat. 2 1/2.

Hab. Ajaccio. *Rar.*

Rissoa *scabriuscula*. R.

Testa oblonga, acuta, alba, pellucida, anfractibus convexiusculis eleganter cingulatis, cingulis inferioribus ultimi anfractus simplicibus, superioribus granulato-muricatis, labro simplici.

Long. 3 mill., — lat. 1 1/2.

Hab. Ajaccio. *Rar.*

Rissoa *melanostoma*. R.

Testa elongata, acuta, pellucida, fulvo longitudinaliter lineata, transversim striata, apertura nigro-marginata.

Long. 3 mill., — lat. 1.

Hab. Ajaccio. *Rar.*

Rissoa *cimex*. Brocchi, pl. 6, fig. 3. — Philippi, **vol. II**, p. 125.

Differt a R. *calathisco*, parvitate, forma longiore, acuta, numero serierum granulorum, etc.

Hab. Ajaccio (*in rupibus coralligenis*).

Rissoa *scalariformis.* R.

Testa turrita, acuta, lutescens, costata, costis distantibus basi evanidis, apertura rotunda.

Long. 5 mill., — lat. 2.

Hab. Ajaccio. Rar.

Rissoa *pupoides.* R.

Testa oblonga, obtusiuscula, pellucida, anfractibus convexiusculis, transversim tenuissime striatis, labro expanso ¡simplici, apertura rotundata.

Long. 2 mill. 1/2, — lat. 1.

Hab. Ajaccio. *Rar.*

Rissoa *granulata.* R.

Testa turrita, acuta, pellucida, alba, anfractibus convexis, costatis, triseriatim granulatis, ad basim costatis lœvibus, apertura subrotunda.

Long. 2 mill., — lat. 1.

Var. alba.

Var. fasciata. An sp. distincta ?

Hab. Ajaccio. *Rar.*

Rissoa *fasciata.* R.

Testa ovata, lœvis, nitida, pellucida, virescens, fulvo-trifasciata, apertura rotundata.

Long. 1 mill., — lat. 3/4.

Hab. Ajaccio.

Truncatella *minuta.* R.

Spira acuta, apertura ovata.

Long. 2 mill. — lat. 2.

Hab. Ajaccio. *Rar.*

Eulima *brevis.* R.

Testa brevis, solida, turrita, ventricosa, acuta, anfractibus planis, continuis; apertura ovata.

Long. 4 mill., — lat. 1 1/2.

Hab. Ajaccio. *Rar.*

Eulima *monodon.* R.

Testa oblongo-conica, acuta, ventricosa, alba, solida, nitida, sutura impressa, subperforata; apertura ovato-oblonga; columella unidentata.

Long. 7 mill., — lat. 3.

Hab. Ajaccio. *Rar.*

Eulima *unidens.* R.

Testa oblonga, alba, aciculata, apice obtusiusculo, apertura ovata; columella unidentata.

Long. 2 mill., — lat. 1.

Hab. Ajaccio. *Rare.*

Eulima *cingulata.* R.

Testa turritellata, oblonga, pellucida, anfractibus margine superiore cingulatis, transversim striatis, striis exilissimis; apertura ovato-oblonga.

Long. 5 mill., — lat. 1 1/2.

Hab. Ajaccio. *Rar.*

Eulima *turritellata.* R.

Testa subulato-turrita, anfractibus 10-11, lævissimis, convexiusculis, sutura distincta divisis; apertura oblongo-ovata, subtorta.

Long. 4 mill., — lat. 1.

Hab. Ajaccio. *Rar.*

Chemnitzia *fasciata.* R.

Testa turrita, acuta, anfractibus planiusculis sutura profunda disjunctis, transversim rufo quadrifasciatis, longitudinaliter plicatis, plicis rectis.

Long. 12 mill., — lat. 3.

Hab. Ajaccio. *Rar.*

Chemnitzia *perlata.* R.

Testa scalaris, spira obtusa, striis longitudinalibus, perlatis; suturis profundis, anfractibus rotundatis, costis rectis.

Long. 1 mill. 1/2, — lat. 1/2.

Natica *flammulata.* R.

Testa ventricoso-globosa, albida, flammulis fulvis longitudinalibus ornata, zonis tribus albidis cincta, labio umbilicari adnato, calloso.

Alt. 16 mill., — lat. 15.

Hab. Ajaccio. *Rar.*

Natica *grisea.* R.

Testa ventricoso-ovata, solida, fasciis quinque albo fulvoque articulatis ornata, intus violacea; spira prominula, labio adnato, calloso, sinuato.

Alt. 14 mill., — lat. 14.

Hab. Ajaccio. *Rar.*

Vermetus *discus.* R.

Testa lœviuscula, subgranulosa, rosea, antice flexuosa, postice in spiram planam, discoideam, contorta.

Diam. disci, 10 mill., — tubi, 2.

Confer cum *serpula circinali.* Goldf.

Hab. Bonifacio, Ajaccio, in madreporis. *Rar.*

Delphinula *Duminyi*. R.

Testa nitida, supra striata, plana, subtus lœvis, umbilico magno, apertura obliqua.
Lat. 3 mill. 1/2, — alt. 1.
Differt a D. *lœvi* Phil. absentia linearum umbilicarium.
Ab exilissima ejusdem auctoris, absentia carinarum.
Hab. Ajaccio. *Rar.*

Trochus *Cyrnœus*. R.

Testa turrito-conica, anfractibus subplanis, lineis transversis 5-6 cincta, infima crassior, basi convexiuscula sulcata, apertura subrotunda, non dentata.
Alt. 9 mill., — lat. 6.
Hab. Ajaccio. *Rar.*

Pleurotoma *fusiforme*. R.

Testa angusta, fusiformi, acuta, non decussata, anfractibus bi-tricostatis, cauda longiuscula, costata, strigis fulvis longitudinalibus, obliquis.
Long. 4 mill., — lat. 1 1/2.
Hab. Ajaccio (in rupibus coralligenis). *Rar.*

Pleurotoma *crassilabrum*. R.

Testa oblonga, fusiformi, lœvi, nitida, albicante, lineis transversis regularibus approximatis ornata, longitudinaliter plicata, plicis circa 10, anfractibus superne parum angulatis, apertura lanceolata spiram fere œquante.
Long. 7 mill., — lat. 3.
Hab. Ajaccio. *Rar.*

Pleurotoma *perlatum*. R.

Testa turrita, albida, anfractibus convexis, costis 10-12 lon-

gitudinalibus perlatis, fusco-luteis; apertura ovata dimidiam spiram œquante.

Long. 6 mill., — lat. 2.

Var. luteo punctata.

Var. fusco-punctata.

Var. multicostata.

Hæc species et P. *brachystomum* Phil. sunt-ne hujus generis, ob brevitatem aperturæ, non scissuratæ?

Hab. Ajaccio. *Communis.*

Pleurotoma *Chauveti.* R.

Testa turrita, obtusiuscula, subventricosa, albida; anfractibus convexis, costis 20-22 longitudinalibus, perlatis, fusco-luteis; apertura ovato-oblonga, dimidiam spiram fere œquante.

Long. 6 mill., — lat. 2 1/2.

Differt a P. *perlato* numero costarum, apertura, crassitudine, etc.

Hab. Campo-Moro. *Rar.*

Fusus *Babelis.* R.

Testa ovato-oblonga, fusiformi, utrinque acuminata, anfractibus carinatis, coronatis, spinosis, spinis latis, planis, squamulosis, triangularibus, anfractibus supra coronam plano-concavis, sublœvibus; costis longitudinalibus 8-10; striis transversis elevatis, squamulosis, approximatis; cauda breviuscula, recurva.

Long. 35 mill. — lat. 20.

Var. Regalis, an species distincta?

Testa minor squamulosa, spinis longis, ambulacrum supra coronam, costato-papillosum.

Hab. Bonifacio, in madreporis. *Rar.*

Indépendamment de l'espèce fossile, *Venus Dianæ*, dont la diagnose figure plus haut, M. Requien a trouvé, dans la même localité (environs d'Aléria), deux autres coquilles fossiles qui lui ont paru nouvelles, et dont il donne, comme il suit, la description à la fin de son catalogue :

Panopæa *Aleriæ*. R.

Testa magna, oblonga, latere antico parum hiante, rotundato, latiori; latere postico valde hiante, coarctato; sinu palliari lato, laterali magno acuto.

Long. 80 mill., — lat. 150, — crass. 60.

Buccinum *Crozeti*. R.

Testa ovato-conica, ventricosa, transversim grosse striata, subtuberculata, striis longitudinalibus decussata, longitudinaliter plicata, plicis crassis, obliquis, undulatis; anfractibus convexis; spira acuta; apertura magna, ovata.

Affinis *Buccino undato*, L.

LISTE ALPHABÉTIQUE

DES GENRES MENTIONNÉS DANS LE CATALOGUE.

ERRATA

<table>
<tr><td>Pages.</td><td>Lignes.</td><td></td><td></td><td></td><td></td></tr>
<tr><td>12</td><td>1</td><td>au lieu de</td><td>BENNET</td><td>lisez</td><td>BENNETT.</td></tr>
<tr><td></td><td>29</td><td>—</td><td>CHEREGHINI</td><td>—</td><td>CHIEREGHINI.</td></tr>
<tr><td>13</td><td>26</td><td>—</td><td>DORBIGNY</td><td>—</td><td>D'ORBIGNY.</td></tr>
<tr><td>15</td><td>30</td><td>—</td><td>LA GROY</td><td>—</td><td>LA GROYE.</td></tr>
<tr><td>16</td><td>16</td><td>—</td><td>NILSON</td><td>—</td><td>NILSSON.</td></tr>
<tr><td></td><td>27</td><td>—</td><td>PULTNEY</td><td>—</td><td>PULTENEY.</td></tr>
<tr><td>17</td><td>17</td><td>—</td><td>MOHRENSTEIN</td><td>—</td><td>MOHRENSTERN.</td></tr>
<tr><td>24</td><td>2</td><td>—</td><td>OTIS</td><td>—</td><td>OTINA.</td></tr>
<tr><td></td><td>26</td><td>—</td><td>VERMITIDÆ</td><td>—</td><td>VERMETIDÆ.</td></tr>
<tr><td>25</td><td>13</td><td>—</td><td>Lowe</td><td>—</td><td>Loven.</td></tr>
<tr><td>26</td><td>23</td><td>—</td><td>Cyclope</td><td>—</td><td>Cyclops.</td></tr>
<tr><td>80</td><td>1</td><td>—</td><td>ANOMYADÆ</td><td>—</td><td>ANOMIADÆ.</td></tr>
<tr><td></td><td>2</td><td>—</td><td>ANOMYA</td><td>—</td><td>ANOMIA.</td></tr>
<tr><td>83</td><td>18</td><td>—</td><td>Anomoides</td><td>—</td><td>Anomioides.</td></tr>
</table>

TABLE DES MATIÈRES

6521. — Paris, imprimerie Jouaust, rue Saint-Honoré, 338.

SOMMAIRE DE L'OUVRAGE

Introduction. — Liste des ouvrages consultés et des auteurs cités. — Classification générale : *familles* et *genres*. — Catalogue synonymique des mollusques testacés des mers d'Europe. — Tableaux indiquant la distribution géographique de chaque espèce. — Notice sur les *coquilles exotiques* citées à tort comme appartenant aux mers d'Europe. — Observations et notes diverses relatives à un grand nombre d'espèces. — Instruction sur la recherche des coquilles dans les mers européennes. — Reproduction des diagnoses des espèces de Corse décrites par Requien. — Liste alphabétique des genres.

Prix de l'ouvrage. . .   7 fr. 50 c.

Se trouve à Paris :

*Chez l'*Auteur, *rue Blanche,* 25 ;

Chez M. Crosse, *Directeur du* Journal de Conchyliologie, *rue Tronchet,* 25 ;

Chez M. F. Savy, *libraire, rue Hautefeuille,* 24.

Paris, imprimerie Jouaust, rue Saint-Honoré, 338.